Coordenação
Andréia Roma   Marcos Oli

Aplicação do Coaching para
MULHERES

1ª edição

Editora Leader.

São Paulo, 2018

Copyright© 2018 by Editora Leader
Todos os direitos da primeira edição são reservados à **Editora Leader**
Diretora de projetos: Andréia Roma
Diretor executivo: Alessandro Roma
Produção editorial: Tauane Cesar
Atendimento ao cliente: Rosângela Barbosa, Juliana Corrêa e Liliana Araujo

Capa e diagramação: Roberta Regato
Revisão: Miriam Franco Novaes

Dados Internacionais de Catalogação na Publicação (CIP)
Bibliotecária responsável: Aline Graziele Benitez CRB8/9922

A652	Aplicação do coaching para mulheres / [Coord.]. Andréia Roma, Marcos M. Oliveira. – 1.ed. – São Paulo: Leader, 2018.
	ISBN: 978-85-5474-042-9
	1. Coaching. 2. Emprededorismo. 3. Mulheres. I. Roma, Andréia. II. Oliveira, Marcos M. III. Graton, Monica. IV. Título.
	CDD 658

Índice para catálogo sistemático:
1. Coaching: emprededorismo
2. Mulheres

EDITORA LEADER
Rua Nuto Santana, 65, 2º andar, sala 3
02970-000, Jardim São José, São Paulo - SP
(11) 3991-6136 / contato@editoraleader.com.br

Agradecimentos

O Universo Feminino tem sido o foco de várias das publicações da Editora Leader e isso nos tem dado muito orgulho e lugar de destaque no mercado editorial. Registrar as histórias de tantas mulheres maravilhosas que fazem a diferença em suas profissões, em suas empresas, nas vidas de outras pessoas, em suas famílias, enfim, é um privilégio.

Neste livro, 16 mulheres nos dão o privilégio de compartilhar seus conhecimentos e experiências com o Coaching, para proporcionar às nossas leitoras que se transformem em sua melhor versão, mais realizadas, plenas, felizes.

Quero agradecer a cada uma por sua sabedoria, e, mais do que isso, por sua generosidade em mostrar os caminhos que trilharam para alcançar seus objetivos.

Começo agradecendo a Cacilda Silva, que nos mostra o poder do Coaching através de uma mulher atendida por ela e que conseguiu "virar o jogo".

Agradeço a Catia Araújo, que nos conta sua própria história de mudança com o Coaching e, em resumo, virou uma "águia" e desenvolve projetos especialmente para mulheres.

Agradeço a Cléa Zamagno, que dedicou seu capítulo a esclarecer as leitoras sobre as fases do climatério e menopausa, ainda pouco compreendidas.

A Creuza Monteiro, pois nos brinda com sua experiência de transformação com o Coaching, após um período de estagnação com que muitas de nossas leitoras vão se identificar.

A Denise Alves, com uma contribuição muito importante para que as mulheres vejam que muitos obstáculos são "coisa da sua cabeça".

A Ethel Nascimento, por nos fazer ver a importância da autoestima na formação de uma autoimagem significativa.

A Janaina Castro, por nos orientar numa questão que ainda é tabu para muitas de nós, que é como ser financeiramente feliz.

A Juliana Rickli, que nos indica como o Coaching pode nos ajudar a desempenhar todos os papéis que nos cabem hoje em dia.

A Lani Menezes, por sua contribuição falando sobre o Coaching cristão, o qual possui uma abordagem Cristocêntrica.

A Leila Cristina Jorge, que contribui com a obra falando da importância da sexualidade.

A Lucilene Oliveira, que nos ajuda a entender como a autoliderança leva ao empoderamento feminino.

A Natalia Locali, que nos fala como curar nossa beleza machucada e ser bem-sucedidas em todas as áreas da vida.

A Roberta Apolinário e Mayra Dias de Andrade Soares, que nos ajudam a entender a importância de ter um propósito e de como descobri-lo.

A Vania Cristina, por nos mostrar como o Coaching pode nos apoiar na ressignificação de nossas crenças e como a gratidão é imprescindível em nossa transformação.

E finalmente a Wania Moraes, que encerra nosso livro com um capítulo sobre resiliência, apoiada nos sentimentos de esperança e confiança que a ajudaram a superar uma doença grave.

Não poderia deixar de agradecer a Marcos Martins de Oliveira, que assina a coordenação comigo. Marcos é diretor executivo e máster coach & mentor trainer do Instituto Advento.

Agradeço ainda a todos que colaboraram para que este projeto se realizasse, com a certeza de que inúmeras leitoras se beneficiarão com sua leitura, transformando-o em um guia para o início de sua transformação para melhor.

Andréia Roma
Fundadora e diretora de projetos
da Editora Leader

Porque, como imaginou no seu coração, assim é ele...
Provérbios 23:7

Que bom que você está lendo este livro!

Quero começar este artigo agradecendo a você pela confiança e pelo seu tempo! Espero que goste desta obra, fizemos com todo carinho para que possa abençoar você!

Quero agradecer também a **todas as profissionais** que selecionamos para fazerem parte desta obra. Obrigado por sonhar junto! Obrigado, porque juntos fizemos história! Esta obra, tenho certeza, será uma bênção na vida de muitas mulheres!

Quero agradecer de uma forma especial a Andréia **Roma**, presidente da EDITORA LEADER, uma mulher de fé, guerreira e cheia de fibra. Muito obrigado por todos os projetos realizados juntos!

Quero agradecer também a **Monica Graton**, presidente da ABRAP-COACHING, a Casa do Coach no Brasil, pois seu apoio a este projeto foi essencial! Muito obrigado pela confiança e amizade!

Agora que tivemos nosso momento de gratidão, quero ajudar você a entender que suas crenças e suas atitudes determinam quem você é e como será a sua vida pessoal e profissional. Meu nome é Marcos Martins de Oliveira, hoje formo profissionais para atuar como coaches especialistas nas áreas emocional, profissional e sexual. Sou Master Coach & Mentor Trainer especialista no universo feminino.

Prof. Me. Marcos Martins de Oliveira*

*Prof. Me. Marcos Martins de Oliveira

Foi membro fundador do ICF - Capítulo ES e é diretor regional ES da ABRAPCOACHING. É coordenador e coautor de cinco livros em parceria com a Editora Leader. Mestre em Ciências Sociais da Religião e mestrando em Administração de Empresas (Fucape). Especialista em Psicopedagogia, Educação Especial e Terapia Sexual Analítico Comportamental. Graduado em Gestão de RH, Teologia e Pedagogia. Terapeuta Familiar e de Casal registrado na ABRATH, psicanalista clínico e técnico em Contabilidade.

Fez vários cursos de Coaching e Inteligência Emocional: Master em Mentoring & Coaching Holo-Sistêmico ISOR®; Master Coaching de Carreira (Instituto MS); Coaching, Mentoring & Holomentoring® do Sistema ISOR® (Holos); Professional, Self & Life Coaching (Indesp); Professional Coach (Bruno Juliani); Coach Especialista em Sistema de Crenças, Coach Especialista em Sessões de Alto Impacto e Ferramentas de PNL para Coaches (André Sampaio); Ferramentas de Coaching (Gerônimo Theml); Especialista em Inteligência Emocional (SBIE) e participou do Método CIS (Paulo Vieira).

(27) 99875-3468

www.institutoadvento.com.br

ÍNDICE

Introdução 10

1. Cacilda Silva 17
Ei, mulher! Vamos virar esse jogo?

2. Catia Araújo 27
Coaching para mulheres

3. Cléa Zamagna 39
Climatério e menopausa

4. Creuza Monteiro Wagner 49
E agora? 5.6. Recomeçar é possível?

5. Denise Guimarães Alves 57
Mulher, isso é coisa da sua cabeça!
Como a sua forma de pensar está influenciando seus resultados

6. Ethel Nascimento 67
A importância da autoestima para criação
de uma autoimagem significativa

7. Janaína Calvo 77
Financeiramente feliz - mulheres inteligentes e suas finanças

8. Juliana Rickli 87
A mulher em seus vários papéis. Como o Coaching pode te ajudar

9. Lani Menezes... 99
A força da mulher cristã

10. Leila Cristina Jorge... 109
5 passos para conquistar sua sexualidade,
liberdade e felicidade sexual

11. Lucilene Oliveira 119
Autoliderança e empoderamento feminino

12. Mayra Dias de Andrade Soares e Roberta Apolinário 127
A importância de conhecer o seu propósito e reconhecer o seu poder

13. Natalia Locali 135
Como curar sua beleza machucada e estar pronta
para ser um sucesso em todas as áreas da sua vida!

14. Vania Cris.. 143
Gratidão - É possível ser grata e receber asas de águia

15. Wania Moraes 151
A resiliência – como aprender a desenvolver ou potencializar?

Introdução

Seja livre! Viva sua essência!

Se você está infeliz, insatisfeita, triste, com medo ou ansiosa, vivendo padrões emocionais que a limitam e que a prendem. Se você não utiliza seu potencial máximo, não está conseguindo alcançar seus sonhos, sua vida pessoal ou profissional não anda bem, seu casamento não é o que você deseja, não está satisfeita sexualmente. Na realidade, quando para pensar em sua vida, chega à conclusão de que você não gosta da mulher que se tornou.

Ótimo! Este livro é para você!

Você precisa entender que para ser sua essência, viver o sonho de Deus para você e sua família, ser a mulher, filha, amiga, esposa, mãe e profissional que sempre desejou é necessário mudar suas crenças sobre você e mudar suas atitudes.

Durante a leitura deste livro, você irá aprender a cuidar de várias áreas da vida ao mesmo tempo, de forma prática e simples, pois você terá acesso a técnicas para melhorar seu dia, aumentando sua produtividade e o controle das suas emoções, melhorando seu relacionamento com seu companheiro ou companheira, com seus filhos, com seus pais, com seus colegas de trabalho, com seus líderes e liderados.

Introdução

Você verá em cada capítulo que precisa mudar as suas crenças sobre quem você é, sobre o que é capaz de realizar e o que você merece viver e receber. Depois, verá também que é preciso colocar em prática, precisa realizar uma ação, mesmo que seja simples, mas uma ação para mudar o que está vivendo.

A seguir, quero lhe mostrar duas histórias de mulheres que hoje vivem sua essência e alcançaram os resultados que sempre desejaram. Mas, para isso, mudaram suas crenças e suas atitudes.

Leia o depoimento da Bianca Tavares, mestre em Educação e professora universitária:

"Descobrir o Coaching foi muito importante para mim. As técnicas ajudaram a repensar minha vida no âmbito emocional, profissional, espiritual, familiar e social. Hoje, aprendi que preciso manter o equilíbrio em todas essas áreas para ter uma 'vida emocional' mais saudável. E a priorizar fazer coisas que me dão prazer e alegria".

Veja agora um relato de mudança que ouvimos da médica Adriana Lima:

"O processo de Coaching me mostrou a mulher que eu estava sendo, mas principalmente a que eu realmente gostaria de ser. Ajudou-me a analisar as situações difíceis que vivia e tomar decisões que precisavam ser tomadas, mas que tinha medo! Está me ensinando a encarar a vida de frente, tomar postura diante de situações conflitantes, viver com intensidade, buscando coisas que me dão prazer e me motivam.

Ao nos conhecermos melhor através de várias técnicas, destacamos aqui o mapeamento emocional, que mostra o seu estado atual, suas áreas fortes e fracas, tomei um choque de realidade e comecei a compreender o porquê de muitas coisas. A partir daí, entendemos que precisamos aprender a antever os problemas e os medos, para que quando eles se apresentem diante de mim eu esteja pronta mental e emocionalmente para superá-los. Esse processo aumentou minha autoconfiança, autoestima e a esperança.

Sabe, é maravilhoso ver como podemos mudar tudo em nossa vida, quando mudamos nossas crenças sobre quem eu sou, sobre o que posso realizar e o que mereço receber e viver..."

Introdução

Posso mudar quem eu sou?

É isso mesmo! Mudando nossas crenças e nossas atitudes, iremos alterar nosso registro emocional e este está fisiologicamente relacionado com o sistema endócrino, sistema imunológico e outras funções profundas de manutenção da vida. Mudanças notáveis e dramáticas podem ocorrer quando uma mulher muda sua forma de pensar sobre quem ela é, o que pode realizar e o que merece receber ou viver. Se você quer ler mais sobre isso, aconselho ver as obras de Goleman e de Robert Dilts.

Caro(a) leitor(a), espero que você tenha entendido que suas crenças (forma de pensar e imaginar) e suas atitudes determinam quem você é e como será a sua vida pessoal e profissional!

Alcance seus objetivos! Seja livre! Construa um estilo de vida saudável, abundante e próspero!

Agora, vamos aos presentes!

Primeiro presente...

A EDITORA LEADER, uma das melhores editoras do país, a ABRAP-COACHING - Associação Brasileira dos Profissionais de Coaching, a Casa do Coach, e o INSTITUTO ADVENTO, uma das mais bem-conceituadas escolas de Coaching, juntos, desenvolveram o maior evento online de Coaching para Mulheres do Brasil.

O II Congresso Nacional de Coaching para Mulheres, totalmente online e gratuito, que aconteceu entre os dias 5 de novembro de 2017 e 4 de janeiro de 2018, tinha como finalidade reunir os melhores especialistas da área para transmitir conhecimentos e técnicas que ajudariam as mulheres a superar seus limites e viver seus sonhos na área pessoal, familiar, financeira, profissional e espiritual.

Foram 70 palestras e oito mesas-redondas!

Você que confiou no nosso trabalho e está lendo este livro, poderá assistir a todas as 70 palestras, na hora que quiser, quantas vezes quiser. Basta acessar este endereço e fazer seu cadastro:

www.congressosnacionais.org/mulheres2018

Vamos ao **segundo presente**...

Acesse e veja o que o(a) espera:

www.institutoadvento.com.br/cursos

E o **terceiro presente** é algo muito especial que preparamos para você: já se imaginou em uma livraria rodeada de pessoas e uma enorme fila aguardando para autografar seu livro? Muitas pessoas sonham com isso, algumas já desistiram, outras ainda estão firmes e determinadas na realização de seu sonho. Para isso a Editora Leader preparou um curso passo a passo para autores iniciantes que querem passar sua mensagem ao mundo.

Acesse e conheça:

http://editoraleadersp.com.br/o-autor-mensageiro2

Até a próxima!

Andréia Roma
Fundadora e diretora de projetos
da Editora Leader

Prof. Me. Marcos Martins de Oliveira
Diretor regional ES
da ABRAPCOACHING

1

Cacilda Silva

Ei, mulher!
Vamos virar esse jogo?

Cacilda Silva

Empresária, proprietária da empresa Supricabos Informática desde 1995; *coach* pelo The Inner Game School California – EUA , desde 2012; formada em Administração de Empresas pela Universidade Anhanguera; coautora dos livros "Líderes em Ação", pelo Instituto Nacional de Excelência Humana (INEXH); "O Poder do Coaching - Foco, Ferramentas e Resultados", pela Editora IBC; "Empreendedoras de Alta Desempenho", pela Editora Leader; "Empreendedoras de Alta Performance do Piauí", do qual é coordenadora, selo também da Editora Leader; "Dores na Alma", prefácio da Missa da Misericórdia. Coordenadora da Rede Empreendedoras de Alta Performance do Piauí; apresentadora do Programa de mesmo nome pela TV Assembleia desse Estado.

> "A maior aventura de um ser humano é viajar,
> E a maior viagem que alguém pode empreender
> É para dentro de si mesmo."
> Augusto Cury

Você está insatisfeita com a vida que tem hoje? Sente-se angustiada? Quer uma mudança e não sabe por onde começar? Já procurou ajuda e nada funcionou para você? Se você respondeu sim para uma das perguntas acima, continue aqui comigo. Tenho algo muito especial para compartilhar com você e que pode mudar este cenário se assim você desejar e se permitir. Convido você a me acompanhar nesta jornada e, através dela, entender como dar mais sentido à sua existência. Vamos lá?

Um belo dia você acorda e não consegue se levantar, a cabeça está inundada de pensamentos sobre os riscos envolvidos em se espreguiçar e começar o seu dia, mesmo sabendo que você já faz isso há anos. Hoje está mais difícil, seu coração acelera só de pensar nas possibilidades de rejeição, nas situações de *stress*, nos desconfortos que o dia reserva. Nada mais domina seus pensamentos, senão a ideia de que nada deu certo até agora e de que não vai melhorar. Você chora só de pensar em ir trabalhar, que precisa fazer uma faxina na sua casa, ou alimentar o bebê que também chora no berço ao lado. É incrível, mas como em um passe de mágica a vida perdeu a cor e o brilho, você perdeu o controle remoto e não sabe como reconfigurar isso. Conhece alguém assim?

Sim, esta é a situação de muitas mulheres, inclusive de algumas que conhecemos e admiramos. Muitas delas se escondem por trás da maquiagem, um belo sorriso forçado e belos sapatos de salto, mas por dentro estão completamente devastadas. Isso nos leva ao primeiro ponto da jornada que chamamos de "choque de realidade". É nele que você descobre que as coisas não podem continuar como estão e que precisa de ajuda imediatamente. Isso pode acontecer porque você ouviu repetidas vezes que não está bem e que precisa de ajuda, por se auto-observar e perceber que, se continuar assim, as coisas podem piorar, ou ainda quando algo mais grave acontece.

Assim aconteceu com a Cristina, que durante a gestação de sua primeira filha perdeu alguém que amava muito e após o nascimento do bebê quase se perdeu das pessoas que também amava por ter se tornado uma mãe superprotetora. Como muitas de nós ela perdeu a referência profissional após a maternidade, mas nunca perdeu a fé. Foi abençoada com uma segunda gestação, não se sentiu bem, foi diagnosticada com depressão e a médica obstetra a orientou a procurar um psiquiatra. Porém, nada era mais importante para aquela mãe do que proteger aquele novo amor que estava se desenvolvendo em seu ventre. Por isso ela tomou algumas decisões que mudaram completamente sua vida, e isso nos leva ao segundo passo da nossa jornada: o "partir para a ação".

Depois de tantos impactos emocionais e uma motivação intensa provocada pelo amor maternal, Cristina decidiu trocar de obstetra, parar todas as suas atividades profissionais e praticar Yoga. Por uma sugestão do esposo, também decidiu me procurar e então começou a sua transformação de fato. Ela entendeu que o que eu tinha para oferecer era algo extremamente poderoso, que propicia melhor comunicação, equilíbrio emocional e elaboração de estratégias, visando o desenvolvimento profissional, emocional e social. O Coaching propicia a consciência do estado no qual nos encontramos e visualizar o estado desejado, por isso a levou a estabelecer e alcançar metas pessoais e profissionais. Bem como fez com que Cristina realizasse uma verdadeira viagem para dentro de si mesma. Ela reencontrou sua própria essência e começou a caminhar em direção à luz. Chegamos então ao terceiro ponto de nossa jornada: a "quebra de paradigmas".

Ela entendeu, através de perguntas provocativas e bem estruturadas, que deveria fazer as pazes com o seu passado, começou a ver a própria história e a si mesma de forma muito mais positiva e a alinhar tudo o que estava fora do lugar, inclusive no relacionamento com os parentes. Libertou-se de toda a mágoa e sofrimento, pôde perdoar aos outros e a si mesma, tirou as amarras que a impossibilitavam de seguir em frente. Mas, vejam, ela sofreu por seis longos anos até que viesse ao meu coachtório e finalmente começasse a ver que aquela vida que sempre sonhou era possível. Comemorei com ela cada uma de suas conquistas e pude segurar sua mão nos momentos mais complicados da transformação e isso nos leva à última parte da jornada: os "resultados obtidos".

O Coaching não para de trazer resultados após a última sessão do processo, os benefícios de um novo modelo mental e uma nova postura diante dos fatos duram por toda a vida. Mas, ninguém melhor do que a própria Cristina para nos contar mais sobre isso, não é mesmo? Veja o que ela mesma escreveu sobre seus resultados do processo de Coaching iniciado em junho de 2017:

"Hoje meu choro é de felicidade e gratidão, continuo com meu coração em paz, é muito gratificante acompanhar as fases de crescimento e desenvolvimento de minhas filhas, tenho consciência de meus sentimentos, aceito meus fracassos como vitória, aprendo com meus erros. Pratico diariamente o dom da paciência, a valorização das coisas e pessoas, o não julgar e o aceitar o próximo como ele é, sem criar expectativa. Hoje cuido de mim, tenho amor próprio, fico atenta a minha mente e corpo, sondo meus pensamentos com muita frequência, neutralizo pensamentos negativos, tomo decisões conscientes, me dou e me ofereço ao próximo da forma mais agradável possível, contemplo os dons que Deus me deu, celebro a vida com simplicidade, saboreando e permanecendo no agora. Tive grande relevância em meu amadurecimento emocional e espiritual, melhorei muito minha capacidade de administrar as dificuldades, convivo com os problemas e permaneço em equilíbrio, enfrento meus medos. A minha família, determinação e minha fé me dão coragem e motivação para seguir em frente".

O Coaching é extremamente poderoso e mudou a vida da Cristina, ele pode mudar a sua também se você se permitir. O que é sucesso e felicidade para você? Lembre-se, se a Cristina pode, você também pode reencontrar a sua essência e mudar tudo o que a impede de ser a melhor versão de si mesma. Richard Wayne Bandler, cocriador da PNL (Programação Neurolinguística), pergunta: "Por que continuar sendo você mesmo, se você pode ser alguém muito melhor?" É importante ressaltar que, além de vontade, você precisa de energia para alcançar os resultados desejados. É preciso identificar se você quer muito um resultado, apenas quer ou acha que quer. Você só vai obter os resultados se realmente quiser muito e estiver disposta a pagar o preço por suas conquistas, sem inventar "historinhas". A sua determinação precisa ser sempre maior do que suas desculpas.

Vamos experimentar o poder do Coaching? Encontre um lugar calmo no qual não seja interrompida, sente-se ou deite-se de forma confortável e coloque sua música predileta. Imagine-se daqui a alguns anos, já com sua vida totalmente transformada em todos os aspectos. Faça isso com o maior nível de detalhes que conseguir, permanecendo alguns minutos nessa experiência.

Na sequência responda às seguintes perguntas:

O que é uma vida extraordinária em todos os aspectos para você?

Analisando e considerando a resposta da pergunta anterior, o que falta para que você tenha uma vida extraordinária?

De quem é a responsabilidade pelas escolhas que a levaram à vida que tem hoje?

Quais são as "historinhas" que você tem inventado para si mesma para não entrar em ação agora mesmo e começar a mudar a sua vida?

Quanto (de um a dez) você realmente quer uma transformação de vida? Por quê?

Quais serão os seus pensamentos e palavras a partir de agora para eliminar as desculpas que a impedem de ter uma vida mais plena?

Qual é a ação, apenas uma pequena ação, que você pode realizar agora e reverter esse cenário?

Quais são os velhos hábitos dos quais precisa se livrar para ter uma vida mais plena?

Quais são os novos hábitos que você precisa construir para alcançar a sua vida dos sonhos?

Quem irá comemorar com você quando chegar lá?

Agora é contigo!

Cabe apenas a você dar o primeiro passo para uma vida extraordinária.

Planeje e parta para a ação! Faça as pazes com a sua história e tenha muito mais alegria de viver. Foi uma delícia ter sua companhia durante este relato. Se este texto a ajudou de alguma forma, deixe-me saber, vamos manter contato por *e-mail* ou redes sociais. Bora virar o jogo! Um grande abraço e muito sucesso!

2
Catia Araújo

Coaching para
MULHERES

Catia Araújo

É especialista em Inteligência Emocional e mentora de mulheres; foi embaixadora da Rede Mulheres que Decidem no Rio de Janeiro, é coautora de seis livros; presidente do **INSTITUTO CATIA ARAÚJO;** *coach* formada pelo Instituto Brasileiro de Coaching (IBC), com diversas certificações internacionais; pós-graduada em gestão de pessoas, bacharel e licenciada em Psicologia, palestrante e missionária.

Olá, minha amiga linda! Sou Catia Araújo, especialista em Inteligência Emocional e mentora de mulheres.

Deixa eu contar a você um pouco da minha história de vida para nos conhecermos melhor. Eu fiquei durante dez anos cuidando exclusivamente do meu maior patrimônio. Minha família! Quando os meus filhos atingiram a maioridade eu não sabia como voltar para o mercado de trabalho. Sentia-me um peixe fora d'água. Além disso, vivia um casamento desgastado em que eu não era amada nem respeitada como mulher. Talvez você já tenha passado por isso ou esteja passando e sabe exatamente do que estou falando.

Eu estava naquele momento em busca da minha missão de vida, algo que fizesse sentido para a minha existência, já que meus filhos tinham se tornado adultos e sabiam conduzir suas vidas. Eu precisava me reencontrar, me conectar novamente comigo mesma, resgatar minha autoestima, me sentir amada e desejada como mulher. Queria expressar toda a garra, alegria, beleza física que estavam adormecidas dentro de mim.

Foi quando vi a palavra Coaching na internet e decidi pesquisar sobre o que se tratava. Achei bastante interessante o que li sobre o assunto e procurei um conceituado Instituto de Coaching para realizar essa formação.

Depois da minha formação em Coaching posso dizer que virei uma águia. Hoje eu sou coautora de seis livros e em breve estarei lançando minha autobiografia; montei uma editora; já ministrei várias palestras com o objetivo de impactar positivamente a vida das mulheres; escrevi vários artigos para jornais e revistas, portais como o Administradores.com. Tive também a oportunidade de levar os meus livros ao programa da Fátima Bernardes para presenteá-la; participei de vários programas de rádio e TV e com bastante frequência sou convidada para participar de congressos online que abrangem temas do universo feminino. Pelo segundo ano consecutivo estou participando do maior congresso online de Coaching para Mulheres e com muita alegria no coração aceitei participar deste livro que você está tendo a oportunidade de ler.

Fui embaixadora da Rede Mulheres que Decidem no Rio de Janeiro, uma organização que é composta por grandes empresárias e especialistas e seu objetivo é realizar networking. Montei ainda o **INSTITUTO CATIA ARAÚJO,** que tem por objetivo ajudar os casais, mulheres e jovens a reescreverem uma nova história de vida. Neste momento, estou envolvida com um projeto lindo especialmente para mulheres. Todo esse movimento, essas transformações eu realizei em apenas dois anos! Exatamente em dois anos! Como eu consegui? Entreguei-me ao processo de Coaching, acreditei que, se fazia a diferença na vida de tantas pessoas, também faria na minha. Por que eu estou contando tudo isso para você? Para te dizer, minha amiga linda, que, se eu consegui, você também pode! Você também vai conseguir!

É claro que para realizarmos uma conquista, principalmente se ainda estamos presas ao nosso passado, presas às nossas dores e feridas emocionais, não é nada fácil libertarmo-nos dessas amarras que nos deixam engessadas, paralisadas e neutralizadas. É extremamente importante termos ao nosso lado um especialista que possa nos ajudar na busca dos nossos sonhos e objetivos, principalmente quando estamos no fundo do poço. Muitas questões precisam ser trabalhadas, curadas. Muitas vezes precisamos de cura espiritual, mental, emocional e física.

Aaaaaaah! Quando olho para trás e vejo o quanto eu já sofri! O quanto eu permiti que as pessoas que eu mais amo nesta vida me fizessem sofrer. Talvez você esteja vivendo este momento de vida. Eu diria até mesmo que talvez você esteja sobrevivendo. Eu posso lhe afirmar que eu já estive aí onde você está neste instante e sei como dói! Porém, existe um caminho pelo qual você pode voltar a resgatar sua autoestima, se amar, se respeitar, ser admirada pelas pessoas que você mais ama, pelos seus familiares, marido, namorado, amigos e colegas de profissão.

Hoje eu olho para trás e vejo que não sou mais a mesma, já cresci muito com a minha dor, evolui muito como ser humano, e posso contar uma coisa a você? Isso é apenas o início de toda a minha trajetória profissional! Tenho fé em Deus que ainda vou viver coisas maiores na minha vida, como palestrar ao redor do mundo contando a minha história de vida e superação e utilizando as ferramentas de Coaching nas apresentações de palco.

Minha amiga linda! Permita-se participar de um processo de Coaching. Essa troca de experiência é muito rica. Todos ganham com isso! Depois que você passar por um processo de Coaching, sua vida nunca mais será a mesma.

Vamos dar início a algumas vivências de Coaching por aqui? Se eu conseguir transformar a vida de uma pessoa com este livro, já valeu a pena ter-me sentado na frente do computador para escrever este livro. Por favor, eu a convido a responder por escrito às perguntas que eu irei lhe fazer. Ok? Contudo, responder mentalmente é uma forma de se autossabotar. Permita-se escrever e se integrar verdadeiramente na vivência, pois será possível descobrir algumas coisas que estavam adormecidas dentro de você e gerar *insights* que serão maravilhosos para a sua vida pessoal e profissional. Vamos lá? Vamos participar do processo de Coaching?

Fico feliz em saber que você está comprometida com você mesma, com a sua mudança de vida, assim como eu estou neste momento comprometida em oferecer o meu melhor como profissional e ser humano. Tamos juntas! Mulheres têm o enorme poder de curar mulheres. Então, se permita, minha amiga linda! Entregue-se nas perguntas que eu te farei agora, responda por escrito! Este será o seu primeiro passo para sair do fundo de poço em que você está vivendo e se libertar da sua dor.

Coaching permite que o *coachee* aprenda a ser independente e caminhar sozinho. Você quer isso para sua vida? Deseja ser independente emocionalmente? Deseja ser independente financeiramente?

Coaching é contribuir para que o *coachee* encontre as respostas. Você quer encontrar as respostas que estão dentro de você? Deseja de fato se conhecer verdadeiramente?

Parabéns pela decisão!

Eu te convido a pegar um caderno e uma caneta para anotar suas respostas e reflexões. Sendo assim, você poderá consultar seu caderno todas as vezes em que sentir vontade de observar as mudanças positivas que já começaram a acontecer e o que ainda precisa de mudança. Preparada? Vamos começar? Eu a convido a responder no máximo dez perguntas por dia até você conseguir responder a todas. Talvez você se sinta um pouco "mexida", mas isso faz parte do seu processo de cura interior.

1- Como foi a sua infância?

2- Como era a sua relação com a família na infância? Com pai, mãe, irmãos? Era uma relação saudável?

3- Se lembrar de sua história de infância lhe causou tristeza e dor, você consegue liberar o perdão para essa sua vivência?

4- Acredita que seu comportamento atual está ligado à história que você viveu na sua infância?

Eu te convido a honrar e respeitar sua história de vida, pois ela foi o que melhor poderia ser naquele momento. Foi exatamente como seus pais sabiam fazer e agir com as informações, habilidades e competências que eles tinham em mãos.

5- Você está vivendo ou sobrevivendo? O que você precisa fazer para mudar o quadro que você vive hoje? De 0 a 10, o quanto você está comprometida com essa mudança?

6- Você está feliz? Com que frequência você se sente feliz? O que você pode eliminar hoje da sua vida para se sentir feliz com mais frequência? De 0 a 10, o quanto você está comprometida com a sua felicidade?

7- Qual a pessoa do seu convívio social, parente, amiga ou celebridade que você admira e gostaria de ter atitudes e comportamentos semelhantes? Por quê? Que características essa pessoa tem que você admira? O que lhe falta para ter um comportamento semelhante ao dela?

8- O que você precisa mudar para ter tempo de qualidade para você e sua família?

9- Você cultiva os seus relacionamentos? Como você faz isso? Acredita que pode cultivar ainda mais? Como?

10- Quais foram as coisas que aconteceram na sua vida e a marcaram positivamente? Seu casamento? O nascimento dos seus filhos? A compra da casa própria? A compra do carro novo? Uma viagem em que tudo saiu como você planejava? Quais são os momentos da sua vida que você guarda até hoje na sua mente e que quando lembra seu coração se enche de alegria?

11- Cite no mínimo cinco coisas que aconteceram na sua vida e deixaram marcas profundas. Coisas que você não gostaria de passar e foi obrigada a enfrentar. Situações que não dependiam da sua decisão.

12- De 0 a 10, qual a nota que você dá para a sua qualidade de vida hoje?

13- Se você tivesse apenas mais 15 dias de vida, como você estaria vivendo? Após essa reflexão, quais são as decisões que você tomará hoje para a sua vida?

14- Qual é o seu maior sonho? Se você fechar seus olhos agora e imaginá-lo acontecendo, como você se sente? Quais são as atitudes que a levam para perto do seu maior sonho? Quais são as atitudes que a afastam do seu maior sonho?

15- O que te dá motivação para trabalhar? O que você faria no resto da vida se não precisasse trabalhar para ganhar dinheiro? Dançaria? Cantaria? Contaria histórias para crianças? O que você faria?

16- Em qual área da sua vida você está na zona de conforto? Trabalho? Casamento? Vida espiritual? Relacionamentos? Saúde? Se sair da zona de conforto, o que você perde com isso? E o que você ganha com isso?

17- Como será a sua vida daqui a cinco anos se você continuar se comportando como se comporta hoje?

18- Qual o primeiro passo que você pode dar para começar a sair da zona de conforto?

19- Quais foram as perdas que você já teve na vida por agir no calor da emoção? Se você tivesse a oportunidade de voltar atrás, como agiria hoje?

20- Como é sua vida espiritual? Você acredita em Deus? Você tem fé? Acredita que sua fé pode lhe ajudar a alcançar seus objetivos?

21- Você manifesta gratidão em todos os dias da sua vida?

22- Quais são as características positivas que você herdou da sua mãe? E do seu pai?

23- Quais são as características negativas que você herdou da sua mãe? E do seu pai? O quanto você está comprometida a partir de hoje para abrir mão dessas características?

24- Você diz com frequência para os seus pais e irmãos que os ama? Se você não tivesse mais a oportunidade de dizer isso para eles, como você se sentiria por ter desperdiçado tanto tempo?

25- Seu cônjuge é hoje o companheiro ideal para a sua vida? O que está faltando nele para que seja? Você já conversou com ele sobre as necessidades que tem para se sentir amada e desejada? O que você também pode fazer para contribuir com essa relação de forma que ela possa ser mais saudável e prazerosa?

26- Você e seu cônjuge têm desfrutado de tempo com qualidade? Há respeito, escuta com atenção, admiração, cumplicidade, sexo de qualidade, olho no olho nessa relação? Você desabafa com o seu cônjuge? Ele desabafa com você? O que acha que aconteceu pelo caminho que quebrou o elo entre você e seu cônjuge? Acredita que esse casamento terá vida longa se vocês continuarem se comportando como estão se comportando agora?

27- Você acredita que abastece os seus filhos de amor para que eles se sintam fortes e ousados o suficiente no futuro?

28- Você dedica tempo suficiente para os seus filhos? Acredita que eles sabem o quanto você os ama? Você acredita que os seus filhos se sentem à vontade para conversar com você sobre todos os assuntos?

29- Existe suporte emocional e financeiro na sua casa? Os seus filhos respeitam você e seu cônjuge? Onde você acredita que está errando na criação deles?

30- Você tem sido um exemplo para os seus filhos? Acredita que eles se espelharão em você futuramente para montar uma família?

31- Como anda a sua saúde? Você está comprometida com ela? Quantos anos de vida você acredita que ainda terá se continuar se comportando desse jeito com a sua saúde?

32- Quais foram os livros, cursos e filmes que você buscou como fonte de conhecimento nos últimos tempos?

33- Como anda sua vida financeira? Se você parar de trabalhar hoje, por quanto tempo sua família e você terão condições de viver satisfatoriamente? Você tem alguma reserva? Alguma aplicação financeira? Algum seguro de vida? O dinheiro que você ganha mensalmente é suficiente para cobrir as despesas da casa, suas necessidades pessoais, de sua família? É possível realizar aplicações financeiras e ainda fazer doações? Se não vive essa realidade, quais são as mudanças que você precisa fazer de imediato na sua vida financeira?

34- Você lembra quais eram as suas atitudes no passado que levaram você a ter uma promoção na carreira? Que atitudes e comportamentos eram esses que você tinha e hoje não tem mais?

35- Qual o seu maior sonho?

36- Você está focada em realizar o seu maior sonho?

37- Quando você viverá o seu maior sonho?

Minha amiga linda! Depois de responder a todas essas perguntas, tenho certeza de que "fichas cairão" para você. O que você vai fazer com essas informações que foram acessadas em sua mente?

Perdoe!

Liberte-se!

Seja feliz!

A vida acontece aqui e agora! Um beijo no coração.

3

Cléa Zamagna

Climatério
e menopausa

Cléa Zamagna

Terapeuta Bioenergética e Life Coach.
Variadas formações em autoconhecimento.
Idealizadora do programa *O Terceiro Despertar Feminino* e do método *Update*.

clea.zamagna@gmail.com
Instagram: @cleazamagna

Momento natural da vida da mulher, o processo da menopausa (como gosto de chamar, pois tem início, meio e fim) normalmente começa por volta dos 40 anos, quando se inicia o climatério, que é a fase da vida biológica da mulher que determina a transição entre o período reprodutivo e o não reprodutivo, e se caracteriza pelo declínio progressivo da função dos ovários, podendo durar de 15 a 20 anos.

Você que tem hoje em torno de 40 anos pode achar que esse assunto ainda não é relevante para você, mas eu te digo que sim e deve ser de interesse para as mulheres que estão vivendo essa fase, para as que vão ingressar futuramente, para o companheiro e para os familiares, porque esse é um momento em que a mulher sofre muitas transformações e transtornos físicos. Mas também pode ocorrer desequilíbrio emocional, mental e espiritual e de certa forma vai atingir a todos que estão em torno dela, que nem sempre percebe que precisa de ajuda, pois, para se ter uma boa relação é preciso ter cooperação e para isso é preciso conhecimento! Dentro das alterações emocionais, a depressão e a ansiedade merecem uma atenção especial! O climatério engloba os períodos da:

• Pré-menopausa (início do declínio da função dos ovários até à menopausa). Dos 40 aos 50 anos.

• Perimenopausa (inclui a pré-menopausa até 12 meses após a última menstruação). Dos 45 aos 52 anos.

• Pós-menopausa (período que tem início com a última menstruação). Dos 50 aos 65 anos.

O que é exatamente a menopausa?

A Menopausa é o termo utilizado para determinar a última menstruação após a ausência de período menstrual por 12 meses. Não é doença, mas é chamada de *doença sistêmica*, ou seja, que afeta uma série de órgãos ou tecidos ou que afeta o corpo humano como um todo. Ela pode ser:

- **Natural:** resultante do processo biológico natural da mulher e ocorre geralmente entre 45 e 55 anos.
- **Artificial:** afetada pela quimioterapia, radiação ou outros medicamentos. Isso também pode ocorrer quando ambos os ovários são removidos cirurgicamente. Os sintomas da menopausa induzida podem ser muito maiores do que na menopausa natural, pois há uma parada repentina da produção de hormônios.
- **Precoce:** ocorre antes dos 40 anos.
- **Tardia:** ocorre após os 55 anos.

Percebe que a menopausa não tem nada a ver com a idade e sim com outros fatores? Isso põe por terra o tabu que relaciona a menopausa com a idade e com ficar velha e em uma sociedade que cultua muito a juventude, principalmente da mulher, fica mais difícil a aceitação desse momento e gera vergonha, constrangimento e falta interesse em saber a respeito por achar que ainda é muito cedo. A maioria das mulheres só começa a falar sobre esse assunto e a lidar com o fim da vida reprodutiva quando já está quase chegando ao fim, ou seja, quando a menstruação começa a falhar, mas acontece que esse processo pode ser bem menos sofrido se você se preparar para ele desde o início do climatério, o que garantirá a manutenção da sua qualidade de vida.

Nos últimos 30, 50 anos, tivemos uma evolução extraordinária na ciência, na tecnologia, na Medicina e também a sobrevida humana tem aumentado em termos de anos e, consequentemente, cada vez mais existirão mulheres que alcançarão a menopausa e viverão pelo menos um terço de suas vidas após esse fato ter acontecido. E com toda essa evolução percebemos que o assunto *climatério e menopausa* diz respeito à mulher moderna de hoje, que também se encontra sobrecarregada, porque ao adicionar o serviço de casa ao trabalho remunerado não consegue recuperar-se da fadiga e do desgaste, ficando mais sujeita a doença mental e também tais como ansiedade, depressão, fobias, pânico, insônia e diminuição do desejo sexual, sintomas que são agravados com as oscilações hormonais e podem piorar com a menopausa.

Você já parou para pensar no que realmente acontece no seu corpo nesse período e o que deve saber para se prevenir e se cuidar? Lembrando: a idade cronológica é diferente da idade biológica e esse assunto não diz respeito só ao ginecologista, mas também ao endocrinologista, ao neurologista, ao psiquiatra e também a outros especialistas, dependendo da necessidade!

Assim como a primeira menstruação é um momento marcante na vida da mulher, a menopausa também exige uma série de adaptações e novos hábitos. Com isso, percebemos que os hormônios são responsáveis por todas as transformações que ocorrem no corpo e na cabeça de uma mulher.

É muito importante saber se perceber, pois nosso universo exterior é um reflexo do nosso universo interior e **são muito comuns nesse momento conflitos de relacionamento consigo e com outros terem como pano de fundo o climatério e a menopausa. Cada mulher vai passar essa fase de um jeito e com uma intensidade, dependendo de vários fatores, e o tratamento deve ser individual.**

Os quatro pilares do equilíbrio

Cada etapa da nossa vida deve ser vivida como ela é e se você cuidar do seu corpo físico, emocional, mental e espiritual, com certeza terá os quatro pilares em harmonia, o que leva ao equilíbrio, promovendo saúde, paz e qualidade de vida! Aqui se percebe a importância do autoconhecimento para enxergar a sutileza da interferência de um pilar no outro, já que convivem todos juntos no mesmo corpo, porque somos *seres integrais*, temos o nosso corpo físico, as nossas emoções, os nossos sentimentos e a nossa parte espiritual ou energética. Os sintomas não aparecem todos de uma vez, eles vêm aos poucos, mas é importante saber reconhecê-los para não criar alarde ou deixar de procurar ajuda se necessário. Saber reconhecer em qual ou quais existe desequilíbrio vai lhe ajudar a definir o tratamento. Lembrando que para cada situação existe um profissional especializado.

1. FÍSICO: aqui trata do seu corpo físico, onde as alterações hormonais acontecem. Sintomas: dificuldade de concentração, perda da memória, falta de energia, preguiça, bruxismo, queda de cabelo, unhas fracas, espinhas, erupções na pele, dores nas articulações, falta de libido, perda de massa óssea, distúrbios do sono (falta ou excesso), fogachos, sudorese, problemas dentários, dores de cabeça, dor nas mamas, dor e peso nas pernas, incontinência urinária, ressecamento vaginal, pele ressecada, manchas na pele, formigamento, má digestão, perda de apetite ou não consegue parar de comer, agitação, inquietação, nervosismo, infecção urinária, falta de coordenação motora, labirintite.

2. EMOCIONAL: aqui trata das emoções e sentimentos. Sintomas: distúrbio de ansiedade, baixa autoestima, falta de amor próprio, instabilidade emocional, dificuldade de controlar os pensamentos negativos, depressão, irritabilidade, melancolia, tristeza, angústia, transtornos emocionais, síndrome do pânico, sentimento de rejeição, síndrome do ninho vazio, irritabilidade, raiva, desconfiança, ciúme exagerado, transtorno obsessivo.

3. MENTAL: aqui trata dos pensamentos, os quais também estão diretamente ligados ao emocional. Sintomas: falta de interesse em coisas que gostava de fazer, sentir-se triste ou chorar com frequência, mover-se lentamente ou agir impacientemente ou não parar quieta, sentir-se sem valor ou muito culpada no dia a dia; ter uma mudança no apetite, perda ou ganho de peso sem fazer dieta; ter pensamentos de morte ou suicídio, tentar o suicídio; ter problemas em concentrar-se, pensar, lembrar-se ou tomar decisões; dormir demasiado ou não conseguir adormecer ou não dormir tempo suficiente; diminuição da energia, fadiga e lentidão; pessimismo e perda de esperança.

4. ESPIRITUAL: aqui se trata de espiritualidade! Não tem nada a ver com a sua religião ou com a falta dela e sim como você se relaciona com a energia que a sustenta e governa, bem como também com o universo a sua volta. Sintomas: pode envolver todos os sintomas dos outros pilares ainda mais agravados.

Lembrando que cada mulher é única, assim como a experiência do momento também! Nem tudo que acontece com uma acontece com outra da mesma forma, o que é bom para uma não é para outra e só você sabe o que se passa no seu interior, também tudo o que você viveu, a sua forma de ver a vida e a forma de encarar as situações terão um peso nesse momento. Na realidade esse período é um portal de passagem importante na vida da mulher e mesmo acompanhado por mudanças biológicas promove o crescimento emocional, novos papéis sociais e é um grande momento para o autoconhecimento, a que dou o nome de *O TERCEIRO DESPERTAR FEMININO!*, para uma vida de plenitude!

Quando é hora de procurar ajuda?

A mulher experimenta um conjunto de dificuldades físicas, psíquicas, emocionais e de relacionamento. Enfim, a hora certa é toda vez que houver dúvida e dificuldade em vivenciar o bem-estar, bem como, quando as tentativas de superação não levaram a uma melhora significativa. Para tanto eu criei o método UPDATE, ou seja, atualizar toda a sua vida a partir do processo da menopausa. Esse método possui um passo a passo simples, mas efetivo e rápido, a partir do Coaching e dos meus conhecimentos de terapeuta bioenergética, o qual vai lhe guiar para reconhecer e resolver os elos de ligação entre os pilares e promover um novo estilo de vida abundante, produtor de saúde física, emocional, mental e espiritual.

Além disso, você será levada a restaurar de forma extraordinária suas emoções e será capaz de ressignificar a visão sobre si mesma e sobre o mundo, tendo uma orientação direcionada para que atinja as soluções conforme as suas necessidades!

Tornei-me especialista nesse assunto após ter passado pelo processo da menopausa de forma muito dolorosa e cruel, sentindo praticamente todos os sintomas, mas sem saber que a causa de tudo estava na minha fisiologia. Depois de anos de sofrimento e também de fazer sofrer as pessoas que estavam próximas, encontrei a minha cura graças à visão de ***Ser Integral*, e soube buscar o tratamento correto para cada situação vivida. Hoje falo com propriedade sobre esse momento da vida da mulher, porque só quem passou pela experiência sabe do que fala, uma coisa é ter conhecimento sobre a teoria e outra é ter conhecimento na prática!** Senti-me vítima e só depois de muito sofrimento vim a saber que ia entrar na menopausa, mas hoje entendo e agradeço, porque sem essa experiência eu jamais teria descoberto meu propósito para desenvolver o trabalho que faço de apoiar a mulher para DESPERTAR para a nossa feminilidade, com foco na nossa biologia e no autoconhecimento! Aqui entra o processo de Coaching para trazer soluções rápidas e eficientes!

A mulher passa por fases e a adaptação cria um sofrimento, depois tudo tende a melhorar, mas se os sintomas forem progressivos é bom procurar um médico para ver se não existe outra causa, pois a menopausa é uma fase em que a mulher fica mais vulnerável e outros conflitos e doenças podem surgir, mas sua intensidade será determinada pela estrutura psicológica da mulher.

Hoje o que se observa é que a mulher quer qualidade de vida e para isso precisa estar bem consigo mesma, é preciso saber enfrentar as mudanças e manter-se emocionalmente equilibrada para encarar com mais naturalidade essas mudanças que, de uma forma ou de outra, afetam a todas nós! A intenção de tais informações é que se saiba da importância de um estilo de vida saudável e de condições de saúde e bem-estar que promovam um equilíbrio emocional.

É BOM SABER:

A dança dos hormônios torna as mulheres mais vulneráveis aos distúrbios mentais. É isso o que diz o psiquiatra paulista Joel Rennó Junior, diretor do Programa de Atenção à Saúde Mental da Mulher, do Instituto de Psiquiatria do Hospital das Clínicas de São Paulo. Rennó estabelece uma ligação direta entre o **ciclo reprodutivo feminino e as doenças mentais**. "Nessas fases de mudanças hormonais é mais comum o aparecimento de transtornos", diz ele.

Um estudo da Universidade de Calgary, no Canadá, demonstrou que sintomas como a depressão, ansiedade, apatia, impulsividade e agitação, quando surgem na menopausa e se prolongam durante seis meses, podem ser sinais claros de demência.

"Os primeiros sinais de demência são muitas vezes detectados pela família e amigos através de mudanças no comportamento e personalidade que podem ser mais visíveis do que as alterações na memória", sublinhou James Pickett, chefe de investigação da Sociedade de Alzheimer no Reino Unido.

"As pessoas tornam-se irritáveis, dizem coisas rudes que são socialmente inaceitáveis porque um dos sintomas é a perda de empatia para com os entes queridos", explicou Jonathan Rohrer, especialista em demência da University College London, no Reino Unido, ao "Daily Mail".

4

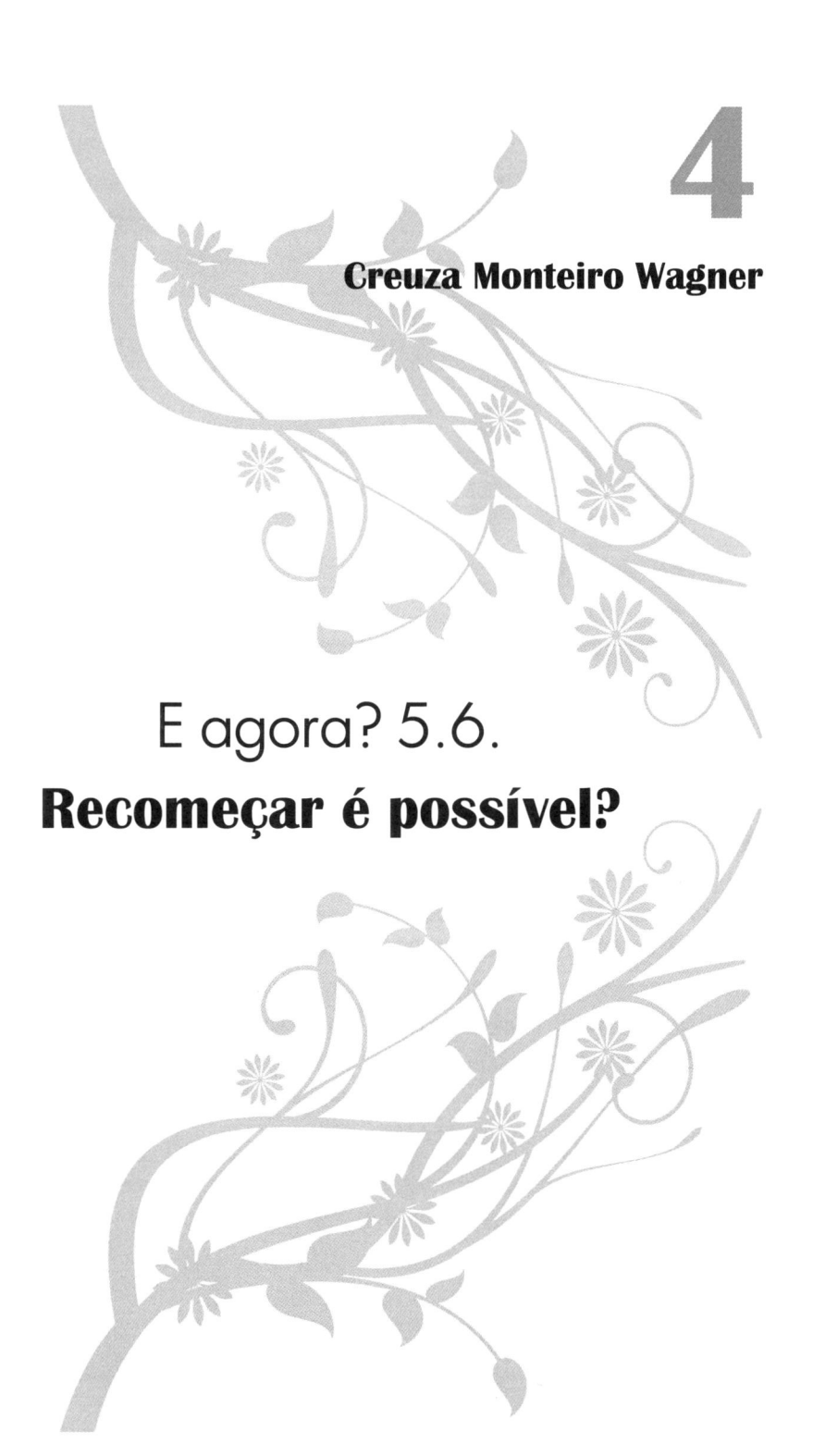

Creuza Monteiro Wagner

E agora? 5.6.
Recomeçar é possível?

Creuza Monteiro Wagner

Graduada em Letras pela Faculdade Castelo Branco e em Pedagogia pela Unisaber.

Pós-graduada em Ensino da Língua Inglesa e em Ensino da Língua Portuguesa pela Faculdade Finom; mestre em Ciências da Educação pela Universidade Del Mar (Chile).

Professional, self life coach pelo Instituto Advento.

Coach especialista em inteligência emocional, palestrante.

Acredito no Coaching acelerando resultados, transformando vidas e gerando novas alternativas, opções e entendimentos que ampliam as realizações e conquistas dos *coachees*.

> "Não importa quantos passos você deu para trás, o importante é quantos passos agora você vai dar pra frente."
> (Provérbio Chinês)

O Coaching não é apenas uma filosofia de vida, uma metodologia com técnicas e ferramentas eficazes. Ele representa mudança, esperança, equilíbrio emocional, uma luz no fim do túnel e acima de tudo a possibilidade de recomeço. Um recomeço que traz de volta os sonhos adormecidos, porém nunca esquecidos. Ele promove uma conexão do ser humano com a sua essência e provoca mudanças extraordinárias e faz isso de forma extremamente rápida. E tem como objetivo principal alcançar resultados permanentes tanto na vida pessoal quanto profissional. Eu poderia falar muito mais sobre Coaching, mas preferi expressar a potencialidade dessa ferramenta através da minha experiência.

Neste breve capítulo vou contar sobre a transformação, ou melhor, a revolução que o Coaching fez em minha vida. Decidi contar a minha história porque acredito que ela poderá ajudar muitas pessoas que em algum momento da vida precisam aprender muitas coisas, especialmente a perdoar, para recomeçar, seguir em frente, sem olhar para trás e ser feliz. Eu demorei 20 anos para perdoar uma pessoa que nem me conhecia direito e me disse palavras tão cruéis que feriram a minha alma, esmagaram minha autoestima e destruíram muitos dos meus sonhos. Durante todos esses anos, as palavras ditas por essa pessoa ecoaram em meus ouvidos e a cada dia e gradativamente me adoeceram. E o interessante é que, como já disse, eu mal conhecia a pessoa e a força de suas palavras foi tão devastadora.

Alguns anos depois fui procurada por ela com um pedido de perdão e eu não a perdoei, pelo menos não naquela ocasião, porque doía muito; ainda não havia aprendido que perdoar era preciso para que eu seguisse minha trajetória e fosse feliz. Durante longos anos tentei perdoar e às vezes até pensei ter perdoado, mas lá no fundo as mágoas continuavam escondidinhas e fazendo um estrago tremendo.

Naquela época eu vivia muito angustiada, embora estivesse sempre rindo e fosse considerada uma pessoa de alto astral, alguma coisa me consumia. Existia dentro de mim um gigante que minava os meus sonhos, me desanimava e ainda provocava uma avalanche emocional e, além disso, eu tinha um medo exacerbado, insatisfação e muitos questionamentos, todos sem respostas. Demorei muito para aprender que temos a obrigação de cuidar do que está dentro de nós, pois, se permitirmos que coisas ruins se acomodem em nosso interior e alimentarmos essas coisas ruins, ah! os gigantes se instalarão com um poder destruidor enorme e te derrubarão.

Em solo úmido muitas sementes germinam e crescem. Eu sempre permitia que as lembranças de fatos passados povoassem a minha mente e trouxessem à tona sentimentos muito ruins. Não suportava mais acordar todos os dias do mesmo jeito e a essa altura me tornara ansiosa, muito nervosa e sofria de insônia e reclamava de tudo e a reclamação cria um círculo vicioso. Eu havia desistido de tantas coisas. Hoje sei o quanto errei e errei porque não sabia o que só aprendi com o Coaching muito tempo depois.

Os padrões até então estabelecidos em mim precisavam ser reescritos, eu tinha consciência disso, mas não sabia como fazer e o que fazer. Além de toda angústia que me corroía, sentia uma dor desatinada por quase todo o corpo que quase me impossibilitava de levar uma vida normal. Era uma dor que não conseguia definir de onde vinha. O que eu sabia era que doía muito. O único lugar em mim que não doía era a cabeça. Em alguns momentos a dor era tão insuportável que quase me impossibilitava de andar. Essa dor me acompanhou por 20 anos. E, nesses longos anos, não me lembro de ter vivido um único dia sem dor.

Parafraseando Carlos Drummond de Andrade, eu posso dizer que no meio do caminho tinha uma pedra, não apenas uma, tinha muitas pedras, que me impediam de seguir em frente. Foi nesse caminho que permaneci estagnada durante todos esses anos. Às vezes em meio às dificuldades nos esquecemos de que viver é uma dádiva e que as pedras podem servir como pontes para uma nova oportunidade. Foi então que em algum ponto dessa estrada decidi que era necessário recomeçar, fazer valer a pena cada segundo da minha vida porque eu já havia perdido tempo demais. Eu merecia isso, minha família também.

O dicionário Aurélio define recomeçar como: começar de novo, refazer depois da interrupção, retornar a fazer qualquer coisa. O dicionário *online* de Português define também como: começar a ser, e começar a produzir-se novamente. E literalmente recomeçar é começar a produzir-se novamente, e no meu caso implica recomeçar aos 56 anos. E muitos podem perguntar: é possível?

E eu digo: sim, é possível. No entanto, o recomeço envolve mudanças que vêm de dentro para fora. E já digo de antemão que não é fácil, pois envolve ruptura com algo instalado dentro de nós. É difícil aceitar essas rupturas porque nos acomodamos na zona de conforto. Embora doam, são necessárias. A boa notícia é: você pode, você consegue, mas envolve determinação, persistência, principalmente mudanças de hábitos, comportamentos e permitir deixar ir embora sentimentos que aprisionam, enfraquecem e adoecem.

Não pensem que isto foi fácil, pois envolveu perdoar quem me fez tão mal que apenas usando palavras feriu minha alma, bloqueou meus sonhos e me impossibilitou de ser feliz por um longo tempo, tirou o meu sono e durante anos e anos me assombrou com o fantasma de palavras ditas sem piedade e tão cruéis que rasgaram feridas em toda a alma. Feridas difíceis de cicatrizarem. Mas perdoar é uma escolha. Ou você escolhe ser feliz ou escolhe morrer um pouco a cada dia e sofrer no corpo a dor que vem da alma. Ou você perdoa quem te feriu profundamente ou você está fadada a desenvolver doenças que podem destruir você. E eu sei, perdoar aqueles que nos feriram de forma tão cruel é muito difícil e o processo de libertação é muito dolorido. Mas tenha a certeza que a pessoa mais beneficiada com o perdão é você. E eu escolhi ser feliz independentemente da idade. Ah! Se eu tivesse aprendido isso mais cedo...

Não importa quanto tempo se passou e a maturidade chegou, o que importa realmente é que em algum momento da vida eu aprendi que todos nós podemos transformar e sermos transformados. E da mesma maneira que existem palavras que ferem existem palavras que saram, curam, confortam, acalmam, acalmam o coração, fortalecem, edificam e constroem.

Há algum tempo eu estava pesquisando na *internet* algo que pudesse me ajudar, foi aí que ouvi alguém contando sua experiência e como sua vida fora transformada através do processo de Coaching. Aquela história acendeu em mim uma luz e fez nascer uma esperança. Comecei a pesquisar na *internet* sobre a tal metodologia milagrosa, pois até então eu não sabia praticamente nada sobre o assunto. Foi a partir desse momento que comecei a ler, ver vídeos e daí nasceu o sonho de fazer um curso. Pouco tempo depois recebi a visita de um amigo e ao conversarmos descobri que ele tinha o contato de um instituto de Coaching. Pesquisei sobre o instituto, entrei em contato e me matriculei. Confesso que até o início do curso pensei em desistir várias vezes, mas segui em frente porque queria muito recomeçar.

Chegou o dia do primeiro encontro, fui com o coração cheio de esperança e lá no fundo com a certeza de que estava dando o primeiro passo em direção ao caminho onde eu encontraria conhecimentos que me ensinariam a viver a minha melhor versão. O curso começou e depois das apresentações e introdução ao assunto, chegou a hora de aprender a primeira ferramenta: limpeza emocional. À medida que a ferramenta ia sendo apresentada eu confesso que comecei a pensar coisas negativas do tipo: acho que gastei meu dinheiro à toa, isso não vai dar certo. Mesmo querendo muito que desse certo algo em mim sabotava meus pensamentos. Hoje eu sei que eram minhas crenças limitantes. A aula continuou e eu aprendi como aplicar essa técnica. Eu confesso que voltei para casa meio desanimada, mas mesmo assim decidi continuar o curso. Assim que voltei para casa fui estudar mais o conteúdo que já estava disponível no site. Quando comecei a rever o conteúdo pensei: vou ver se isso dá certo mesmo, vou aplicar essa ferramenta em mim. Entrei no clima, preparei a música, o áudio com os comandos e mergulhei com coração escancarado, tamanha era a minha vontade de mudar.

À medida que eu obedecia ao comando do áudio, descobri que dentro de mim existiam muitas mágoas, raiva, e todos estes sentimentos negativos e nocivos estavam me adoecendo. Sim, mágoas adoecem, matam, destroem o emocional de qualquer pessoa.

Sabe aquelas mágoas que você guarda lá no fundo e são suas companheiras inseparáveis? E passam a fazer parte da sua vida e você se nega a deixá-las ir embora. Mágoas guardadas a sete chaves há tantos anos. Até aquele momento não tinha a noção exata de quanto lixo tinha guardado dentro de mim. Lixo tóxico, que me envenenava aos poucos e gradativamente. E cada vez que repetia a técnica ia me entregando e me libertando. Muitas mágoas estavam tão enraizadas que eu resisti em deixá-las ir embora. Eu não queria liberá-las. Eu precisei repetir essa ferramenta mais vezes, mas desde a primeira vez a dor que eu sentia no corpo e que tanto me fez sofrer foi embora e nunca mais voltou. Parece mentira, mas é a mais pura verdade. Do jeito que chegou foi embora. Não pediu para entrar nem para sair, apenas saiu. Neste momento eu tive a certeza de que o Coaching pode realmente curar as dores e feridas da alma, transformar vidas, entre tantos outros benefícios.

Foi assim que descobri que sofria de uma doença psicossomática devido às tensões emocionais que acumulei durante a vida. A mente e o corpo formam um único sistema e muitos mecanismos inconscientes estão presentes nesta união.

Continuei o curso e cada nova ferramenta que aprendia aplicava em mim. Além de querer muito mudar, queria ter certeza de que aquilo era realmente verdadeiro e surtia efeitos, afinal, a essa altura do campeonato já sonhava em ser *coach*, viver de Coaching e acima de tudo transformar vidas e deixar um legado. E eu tinha muita pressa porque já perdera tampo demais. Agora, só queria ser melhor e oferecer o melhor de mim. Na realidade fui minha primeira cliente, e isso me deu segurança e certeza de que o processo de Coaching gera resultados rápidos e extraordinários.

Durante o processo de Coaching comigo mesma constatei que tinha muitas crenças limitantes que não permitiam que eu agisse, por isso, muitos sonhos ficaram engavetados. Para realizar sonhos é preciso estabelecer metas, planejar o caminho a ser percorrido e colocar o planejamento em ação. Demorei muito para aprender isso e só aconteceu quando tive o encontro com a metodologia que me reconectaria comigo mesma e me mostraria uma nova visão de mundo.

Logo voltei a sonhar, comecei a estabelecer metas mensuráveis, planejar e acima de tudo executar. Porque uma coisa é certa, nada acontece se você não agir. Mas por que você não age? Você precisa descobrir. Hoje, em 2018, aos 58 anos estou aqui sendo coautora neste livro com a certeza de que "o melhor ainda está por vir". Talvez algumas pessoas dirão: o que fazer aos 58? E eu respondo. Tudo o que você quiser.

Por isso comece hoje a repensar sua vida. Onde foi que você parou? Onde foi que as pedras apareceram e fecharam sua estrada? Tome uma atitude. Esse é o primeiro passo para a mudança.

O Coaching mudou a minha vida, me devolveu a alegria de viver. Através dele me libertei das crenças limitantes, recuperei minha verdadeira identidade, minha autoestima, venci o medo, as dores psicossomáticas, tive clareza dos meus valores, descobri novas possibilidades, aprendi a definir prioridades para alcançar mudanças significativas valorizando crenças fortalecedoras. E, além disso, me ensinou a necessidade de desenvolver resiliência e empatia. Eu tinha muita dificuldade em me colocar no lugar do outro e aceitar que assim como eu muitas e muitas pessoas sofrem devastadoramente e não sabem como se curar nem onde buscar ajuda. E a cura só acontece depois que você aprende a dar um novo significado ao seu passado, focar no agora para construir um futuro novo e muito melhor. Transformar e ser transformada: este será meu lema até vencer os meus dias nesta terra.

5

Denise Guimarães Alves

Mulher, isso é coisa da sua cabeça!
Como a sua forma de pensar está influenciando seus resultados

Denise Guimarães Alves

Formada em Gestão de Recursos Humanos pela Faculdade de Ciências Econômicas e Administrativas Santa Rita (Faceas), com especialização em Psicologia Positiva (*North Carolina University*). Empreendedora, consultora em Desenvolvimento Humano Organizacional, palestrante, analista Comportamental (IBC) e *coach* Vocacional (Instituto IMS), alavancando resultados de empresas e pessoas. Leva mulheres a uma vida mais plena através do projeto **"Mulher que Decola" e do Método APPA.**

WhatsApp: (11) 98697-7376
denise.alves@suaconsultoria.net
www.suaconsultoria.net

"Tenha sempre bons pensamentos porque os seus pensamentos se transformam em suas palavras. Tenha boas palavras porque as suas palavras se transformam em suas ações. Tenha boas ações porque as suas ações se transformam em seus hábitos. Tenha bons hábitos porque os seus hábitos se transformam em seus valores. Tenha bons valores porque os seus valores se transformam no seu próprio destino." – Mahatma Gandhi

O fim do ano se aproxima e a cada mês que passa a sua lista de sonhos e desejos protelados para o ano que vem só cresce, não é mesmo? A dieta iniciada em janeiro que não vingou, o hábito de fazer atividade física que não decolou, o desejo de desenvolver habilidades com um outro idioma, que pode lhe dar um trabalho melhor, mas não coube na rotina deste ano, entre outros. Poderíamos reservar uma obra literária inteira para listar os inúmeros desejos que você lançou para o universo na última noite do ano anterior, esperando que aquela alegria contagiante da família toda reunida e o tilintar das taças entre risos e abraços fosse o suficiente para realizá-los. Sem pensar nas dificuldades que todos aqueles sonhos e desejos que você tem implicam e que tudo nesta vida tem um preço a se pagar.

Não, eu não estava lá, mas, sim, eu sei como você está se sentindo agora. A frustração é dolorosa, porém, não tem sido suficientemente devastadora para te impulsionar a agir imediatamente e virar esse jogo, certo? Sei bem como isso funciona, não só porque atendo pessoas com os mesmos problemas, mas porque eu também era assim. Eu me tornei uma procrastinadora muito cedo, nome rebuscado para a pessoa que adia sua felicidade. Sabe aquela sua amiga ou vizinha que deixa tudo para amanhã? E amanhã arruma uma desculpa para deixar tudo para outro dia, e assim sucessivamente? Essa era eu e isso não era nada gostoso!

Sentia-me triste, incompetente, não sabia gerir a minha própria vida e o meu tempo, alguém que sonhava muito e realizava pouco. Mas, nenhuma tempestade é para sempre e hoje eu estou aqui para compartilhar com você o que aprendi nessa jornada. É claro que não existem receitas mágicas para a vida ou verdades absolutas e você pode descobrir outros caminhos que levam a uma vida plena. Contudo, espero que você possa sentir o imenso carinho que tenho por sua vida ao compartilhar essa experiência. O meu desejo é que possa se livrar do vazio e da dor causados pela autossabotagem e se torne a sua melhor versão. Afinal, sonhos existem para serem realizados e não para ficarem eternamente no papel ou em nossos corações. Faz sentido para você?

A primeira coisa que precisei entender, por mais duro que isso seja, é que uma vida sem problemas não existe. Desculpe se você ficou decepcionada, mas enquanto estivermos vivas estaremos sempre encarando problemas ainda maiores do que tínhamos um tempo atrás. Isso é parte de nosso processo evolutivo e, pense comigo, quais foram os momentos da sua vida nos quais você se sentiu mais realizada? O que tinha acabado de acontecer? Deixe-me ver se acertei... Você tinha resolvido um problema, correto? Sim!

O que mais nos traz felicidade é conseguirmos solucionar um problema, independentemente da complexidade. Por isso, se você vir uma dificuldade caminhando em sua direção, pense no enorme potencial de felicidade que há dentro dela e abrace-a! Trata-se de uma oportunidade e essas só podem ser agarradas enquanto estão de frente para nós, não deixe nenhuma escapar e não ouse fugir delas. Quando nos esquivamos, a vida fica em *looping*, sempre voltando para situações e pessoas das quais preferimos correr. Isso lembra algo a você? Do que você está fugindo hoje?

Observando a dinâmica dessas oportunidades de felicidade em minha vida, que alguns chamam de problemas, identifiquei uma "trilha", um caminho seguro para a solução desses desafios. Através da aplicação deste método, dezenas de pessoas, inclusive eu, conseguimos excelentes resultados. Você diria que é fácil, difícil ou impossível uma mulher acima dos 50 anos de idade, há mais de dez anos fora do mercado de trabalho, se recolocar, em um cenário de crise? Isso aconteceu com a Cristina Stiaki, que experimentou o método em um dos grupos que formei para testes. Veja o que ela mesma diz sobre isso: "Obrigada por me fazer perceber o quanto sou capaz, especial e competente. Obrigada por me fazer enxergar que eu posso, sim, sonhar e conquistar meus objetivos..." Já era uma pessoa iluminada e hoje ela ajuda muitas pessoas a mudar de vida também, reverberando e transformando esse conhecimento em uma corrente do bem.

Eu mesma me recoloquei duas vezes em cenário de crise e também utilizei este caminho para realizar muitos sonhos que estavam há tempos guardados, tais como deixar o meu legado através de um livro. Tudo isso apenas mudando a forma que acreditamos e pensamos a respeito da temática que nos aflige. A verdade é que os procrastinadores não acreditam ser capazes de ultrapassar os obstáculos e param diante deles e, com a mudança de modelo mental, começam a ser movidos pelo desejo de realizar e não mais travados pelas dificuldades. Dei para este novo caminho o nome de **Método APPA**. Em cada etapa temos as "duplas inseparáveis" com as quais interagimos no caminho de nossas conquistas. Vamos percorrê-lo? Vai ser um prazer ter sua companhia!

Autoconhecimento e Visão Sistêmica

Tudo começa aí, na atitude de se conhecer e se observar. A situação não era boa, mas a culpa era de quem? Temos a tendência de achar culpados para tudo e eu não era diferente. Culpei dezenas de pessoas e até mesmo Deus e então me dei conta de que não estava funcionando. Sentia alívio por não estar com a culpa nos ombros, mas os resultados não vinham. Até que comecei a reparar em minhas atitudes. Silenciei o meu ego e comecei a ver que eu era totalmente responsável pelos meus resultados. Doeu muito e eu levei algum tempo para conseguir aceitar, mas a humildade em reconhecer que eu havia errado me ajudou muito. Era preciso aquietar a mente e calar as vozes que só diziam que eu não ia conseguir, implorando para que eu deixasse tudo para amanhã. A venda caiu dos meus olhos e eu pude ver que o poder de mudar aquele cenário estava em minhas mãos.

Eu estava focada no que eu não tinha e isso me paralisava, pensava apenas no que eu não queria e assim colocava foco no que não me traria benefício algum. Era preciso focar no meu objetivo e entender o que era preciso fazer para chegar lá. Como consegui isso? Com uma ferramenta muito utilizada no mundo empresarial e que pode ser levada para a vida. Chama-se **Análise SWOT** (*Strengths, Weaknesses, Opportunities, Threats* – Forças, Fraquezas, Oportunidades e Ameaças). A técnica é creditada a Albert Humphrey, que foi líder de pesquisa na Universidade de Stanford nas décadas de 1960 e 1970.

É importante explicar que quando falamos sobre forças e fraquezas estamos analisando o nosso cenário interno (Autoconhecimento), porém, quando falamos de oportunidades e ameaças estamos olhando e mapeando o que há do lado de fora (Cenário Interno + Cenário Externo = Visão Sistêmica). Forças são os comportamentos que te ajudam a chegar mais perto do seu objetivo e as fraquezas são o contrário disso. Oportunidades são as condições externas favoráveis e as ameaças são os obstáculos, ou seja, barreiras não controladas por você, mas que inevitavelmente vão dificultar a sua decolagem.

É um exercício simples, mas que exige muita honestidade. Reconhecer quem somos não é fácil, porém, este é certamente o primeiro passo para uma virada em sua vida. Que tal olhar para o seu cenário e entender quais são as suas forças, fraquezas, oportunidades e ameaças? Reconhecer nossas fraquezas, assumir a responsabilidade sobre elas, tomar posse de nossas forças e potencializá-las, bem como olhar para todo o cenário externo nos faz atribuir a dimensão correta ao problema.

Mas, vamos combinar uma coisa? Seja generosa com você! Entenda sua parcela de responsabilidade, mas associe a cada fraqueza identificada uma afirmação positiva. Por exemplo, se uma de suas fraquezas é ser impaciente, diga para você mesma: "Eu posso ser mais paciente!" Absorva a energia positiva desta afirmação e fuja da armadilha do "não". Tudo o que você mais nega é o que sempre volta para você. Quer uma prova? Vou pedir para você não pensar em bolo de cenoura com cobertura de chocolate. Conseguiu? Claro que não! Cuidado com as afirmações negativas! Cuide também das justificativas, assuma o leme e tome posse do poder de mudar sua vida.

Planejamento e Ação

Foi então que eu me vi cheia de informações interessantes. Eu já sabia quais eram os comportamentos que me ajudavam e quais só me sabotavam e conseguia dimensionar adequadamente o problema. Entendia que minhas escolhas tinham me levado até aquele momento e afirmava positivamente sobre o que queria alcançar. Mas era preciso sair da inércia e colocar minha vida novamente em funcionamento. E eu tentei, muitas vezes. Fazia o planejamento usando ferramentas de gestão, aplicativos, agenda ou qualquer outro método que me ajudasse a lembrar dos meus objetivos e, principalmente, do preço que eu tinha de pagar por eles.

Mas, só consegui realmente ir adiante quando identifiquei padrões de pensamento que me bloqueavam. Chamamos esses padrões de pensamento de crenças. Estamos falando daquelas frases que ouvimos demais na infância e acabam se tornando nossas verdades. Vou lhe dar um exemplo. Se alguém em sua família tinha o hábito de dizer que "dinheiro não traz felicidade" e você, por causa da convivência, acabou incorporando essa crença, provavelmente deve estar com a vida financeira em colapso. Nós criamos a nossa realidade com o que pensamos.

Então eu a convido agora a pensar um pouco sobre isso. Quais são as "verdades" em que você tem acreditado e que estão travando a sua vida? É preciso identificar essas crenças e "substituí-las" por outras que ajudem a alavancar seus resultados. Sem brigar com você e sem se machucar, apenas deixando de afirmar e verbalizar a crença negativa e incorporando gradativamente a nova crença em sua vida. A forma que mais indico às minhas clientes e que melhor funciona comigo para identificar essas "crenças bandidas" que roubam os nossos sonhos é o diário. Escreva e deixe a sua mente ir contando para você o que pensa sobre a área da sua vida que está em estado de calamidade. Você vai descobrir, como eu descobri, que pensa e verbaliza coisas muito negativas a respeito dessa área e, em consequência disso, age mal ou simplesmente não age para ter uma vida mais plena. Ou seja, é tudo "coisa da sua cabeça" e se resolve quando você transforma suas crenças.

Pesquisa e Melhoria Contínua

Um dos diferenciais deste método é justamente esta etapa. Apenas agir, de forma mecânica, pode até melhorar seus resultados, mas não há garantias. É preciso coletar informações e checar constantemente o seu cenário interno e externo, verificar quais ações realmente foram efetivas ou não na busca de seus objetivos. É preciso pesquisar, aprimorar sempre e ajustar a rota se necessário. As etapas anteriores te colocaram em movimento, agora é preciso manter o ritmo e a qualidade. Inovar não é só a palavra do momento, é uma necessidade. Ouse mais! O retorno de suas ações é compatível com o investimento realizado.

Avaliação e Autoavaliação

Todas as ações foram colocadas em prática? Os resultados foram apurados? Agora precisamos pensar: "O que posso aprender com mais esse desafio vencido? Quais hábitos posso inserir em minha rotina diária que podem tornar minha vida mais plena?" Incorporando esses aprendizados, ganhamos estrutura para suportar mais e sonhar mais alto, com a convicção de que é possível ir além. É importante também olhar novamente para si mesma e identificar o quanto evoluiu. Isso é bom para a sua autoestima e a impulsionará a continuar sendo uma grande realizadora.

E, então, reiniciamos o ciclo, entendendo que mudamos constantemente e estamos sempre superando problemas, ou melhor, aproveitando as oportunidades de felicidade que encontramos no caminho. Agora é com você! Espero que coloque em prática e também alcance a vida dos seus sonhos. Compartilhe e faça uma corrente do bem. Vamos preparar sua decolagem? Aguardo o seu contato falando sobre a sua experiência com o método. **Decola, mulher!**

6

Ethel Nascimento

A importância da autoestima
para criação de uma autoimagem significativa

Atuação em Coaching de Autoestima, Consultoria de Imagem e Estilo. Formações específicas em Life e Business Coaching, Psicologia Positiva, Inteligência Emocional, Psicologia da Autoimagem e Marketing Pessoal. Atendimento presencial ou *online* sob forma individual ou em grupo.

www.ethelnascimento.com.br
nascimentoethel@gmail.com
@coach_ethelnascimento
WhatsApp: (21) 96702-1694

> "Que me perdoem as feias,
> mas beleza é fundamental."
> Vinícius de Moraes

Sim, tem razão. Porém, perdoe-me, não quero desmerecer a sua inteligência poética, mas beleza INTERIOR é fundamental. Essa frase clássica de Vinícius de Moraes por muito tempo habitou nossas crenças e a tornamos verdade. Infelizmente, ela não é de todo errada, já que o belo sempre foi atraente aos olhos.

A cada dia que passa somos bombardeadas por inúmeras propagandas sobre beleza e assim condicionadas a acreditarmos que só seremos queridas e aceitas se formos bonitas. Nós crescemos acreditando que deveríamos seguir determinado padrão de beleza que é ditado pela sociedade. Um padrão desenhado e que não leva em consideração a nossa realidade, estilo de vida e principalmente quem nós somos. Nesse momento, o que importa é que façamos parte disso para que não sejamos "excluídas". Dessa forma, tornamo-nos mais uma na multidão, mais uma na linha de produção. Afinal, só assim finalmente seremos felizes, será?

Essa resposta é de cunho pessoal porque só você sabe o que lhe agrada e lhe faz feliz. O que gostaria de refletir, neste breve texto, é sobre a importância da sua autoestima. Esse sentimento que é a base de uma existência saudável e como ele está ligado diretamente a sua autoimagem. Ao seguirmos um padrão de beleza, absorvemos inconscientemente que este seria o modelo perfeito e que a sua busca, além de natural, é a ideal. Não há dúvidas que é interessante inspirarmo-nos em algo que nos é agradável e que faça com que nos sintamos bem. O ponto crucial é que, ao adotarmos isso como meta, essa busca torna-se interminável porque nunca será o suficiente. Isso gera ansiedade, infelicidade, sentimento de incapacidade e uma provável queda na autoestima. O que deveria nos favorecer, nos joga para baixo. Não há problema algum em mudar, pelo contrário, se for benéfico para você, tudo bem. Apenas lembre-se de que essa mudança tem que ter significado para você e não porque alguém ditou que deveria fazê-la.

Durante muito tempo só a beleza externa foi valorizada e foi esquecido que o olhar mais importante deveria ser voltado para a beleza interna. Ela reflete nossa identidade, nossa essência e faz com que sejamos únicas. Não podemos negar, é claro, que a aparência mexe diretamente com a nossa autoestima. Olhar para o espelho, muitas vezes, representa nos despirmos de nós mesmas e encararmos o que fizemos ou deixamos que fizessem conosco (mesmo sem perceber). Entender que não somos perfeitas pode tornar-se doloroso mediante a realidade em que vivemos. Temos uma grande tendência à comparação e esse tipo de ação nunca nos engrandece. Quando estamos com a autoestima baixa sempre comparamos o palco do outro com os nossos bastidores, ou seja, o melhor do outro com o nosso pior. Isso é muito comum acontecer com pessoas que são extremamente críticas e que sempre foram muito cobradas ou tolhidas. A luta interna em não deixar-se abater torna-se cansativa e por mais incrível que pareça a busca pelo que deveria nos favorecer torna-se o nosso algoz. Para entendermos toda essa necessidade que brota dentro da gente é preciso diferenciar autoimagem e imagem.

"A porta do elevador se abre. Ela respira e entra. Lá está ele, encarando-a com olhar de censura e condenação. Ele é à prova de mentiras e de desculpas, não ameniza, não quer saber se ela está estressada ou se simplesmente teve um dia difícil. Seu olhar é frio e insensível, assim como seu coração de vidro. É o espelho. Ela gostaria de não se olhar, mas é inevitável. Claro que faz isso discretamente, de olho na câmera de vigilância do elevador. Fica imaginando o segurança chamando os amigos para mostrar "aquela mulher grandona" se olhando no espelho. Ela se acha bonita. Ela consegue ver a mulher atraente e interessante que se esconde por trás daquela que está no espelho. Ela sabe que a mulher que ela quer ser mora ali, mas, por algum motivo, está soterrada em camadas de escolhas erradas, comida e culpa por achar que não tem força de vontade. Naquele momento, a sensação ruim só pode piorar se acontecer uma coisa. O elevador para no próximo andar, a porta se abre e o que ela temia acontece: entra uma mulher atraente."

(Texto extraído do livro
"E foram magros e felizes para sempre?")

Veiculada tempos atrás, a campanha publicitária "Retratos da Real Beleza", da Dove, retrata bem a maneira como nos enxergamos. Nela um especialista em retrato-falado, sem vê-las, desenha as mulheres com base na maneira como elas se descrevem. Depois faz outro retrato falado com base na descrição de terceiros sobre essas mulheres. Há uma nítida diferença entre os retratos porque normalmente a maneira como nos descrevemos tende a ser muito crítica e é diferente da forma como o outro nos enxerga.

A autoimagem é a maneira como nos enxergamos e ela tem um peso enorme na forma como nos apresentamos para o mundo e nos relacionamos com ele. Com o passar do tempo, ela torna-se a junção do que entendemos sobre o Eu Ideal (quem gostaríamos de ser) x Eu Real (quem nós somos). A autoimagem é construída e começa a ser formada desde a primeira infância e vai até a fase adulta. Tudo o que foi aprendido e sentido sobre nós durante a vida foi armazenado em nosso subconsciente. Tornamos verdades muitos sentimentos que não eram dignos e formamos crenças que limitam a nossa autopercepção. Diariamente, somos testadas e, se não possuímos uma base de autoestima sólida, somos massacradas por nós mesmas. Infelizmente, é muito comum a não aceitação da própria imagem e isso desencadear problemas como dificuldade em se relacionar com o outro, não querer encarar o espelho, dúvidas sobre suas próprias qualidades, desenvolvimento de distúrbios alimentares, frequente necessidade de aprovação dos outros etc. Aprendemos a cuidar de nossas feridas físicas, mas todas as feridas emocionais que não foram tratadas tendem a acabar com o nosso amor-próprio.

A imagem, diferentemente da autoimagem, é a forma como o outro nos vê. Não temos controle sobre isso porque depende da interpretação do outro. Mas um fator que minimiza isso é quando criamos congruência entre quem nós somos por dentro e por fora. Infelizmente, enquanto *coach* e consultora de Imagem posso afirmar que essa desconexão é mais comum do que pensamos.

"Estudos indicam que 55% da primeira impressão que as pessoas têm de você é baseada em sua aparência e ações, 38% em seu tom de voz e 7% no que você diz, demonstrando assim que somos seres visuais. Nos primeiros dez segundos você estará sendo julgado quanto à classe social, à situação financeira, à personalidade e ao nível de sucesso. Essas impressões ditam como será a interação com a pessoa julgada: se positiva, aceitamo-la, mas, se negativa, a tendência é fechar a porta para ela" (AGUIAR, 2015, p.25).

Muitas pessoas confundem que para serem donas de si mesmas, passarem uma imagem que não se preocupam com o exterior ou com a opinião do outro é preciso deixar de lado a imagem pessoal. Gostaria de ressaltar que essa suposta "autenticidade" não pode ser dada como desleixo. Para fortalecermos nossa autoimagem, podemos trabalhar tanto de dentro para fora como de fora para dentro (claro que são resultados e objetivos diferentes). Por isso, é essencial que assumamos a responsabilidade por nossa imagem, entendamos que ela é nosso cartão de visita e que tem uma grande influência na forma como agimos. Isso não quer dizer que devamos cultuar só a imagem externa, pois quando isso acontece há uma grande chance de nos perdermos de nós mesmos. A busca pelo equilíbrio entre nossa identidade e nossa imagem é a grande chave. Ao buscarmos isso, passamos a adquirir um olhar melhor e mais amoroso, o que não invalida trabalharmos os nossos pontos de melhorias.

"Em todo o universo não existe ninguém que seja exatamente igual a mim. Eu sou eu e tudo o que eu sou é único. Eu sou responsável por mim mesma, tenho tudo aquilo de que preciso aqui e agora para viver plenamente. Posso optar por manifestar o melhor de mim mesma, escolher amar, ser competente, descobrir um sentimento para minha vida e uma ordem para o universo, posso decidir me desenvolver, crescer e viver em harmonia comigo mesma, com os outros e com Deus. Sou digna de ser aceita e amada exatamente como eu sou, aqui e agora. Eu me amo e me aceito, escolho viver plenamente logo a partir de hoje." Virginia Satir

A autoestima é a visão que temos de nós mesmas, é a maneira como nos apreciamos, reconhecemos o nosso próprio valor e, principalmente, nos respeitamos. Todos temos um potencial ilimitado que por algum motivo não trabalhamos. Às vezes, aprendemos que nos valorizarmos é feio e que, se não formos humildes, não seremos bem-vistos. Baseadas nisso, não nos assumimos e escondemos o nosso melhor. Há uma história muito conhecida sobre um Buda de ouro que ilustra bem o que está sendo mencionado aqui.

Por volta de 1957, na Tailândia, um grupo de monges ficou encarregado de transferir um Buda de barro para outro monastério. No meio da mudança, devido ao grande peso do Buda gigantesco, quando o guindaste começou a erguê-lo, ele começou a rachar. Como chovia, o Monge superior resolveu não erguê-lo mais, o cobriu com uma lona até que a chuva passasse e assim não iria danificá-lo mais. Mais tarde naquela noite, o monge foi verificar a estátua e percebeu que por aquela rachadura havia um reflexo muito intenso de luz. Por achar estranho, pegou um martelo e um cinzel e começou a retirar o barro do Buda. Conforme o barro ia sendo retirado, o brilho tornava-se mais forte. Depois de muitas horas de trabalho, o monge pôde perceber que na verdade, por trás de todo aquele barro, escondia-se um Buda enorme de ouro maciço.

Muitos historiadores acreditam que há centenas de anos esse Buda de ouro fora coberto de barro antes de um ataque do exército Birmanês. Isso aconteceu para que evitassem que o mesmo fosse roubado e, segundo a história, nesse ataque todos os monges foram mortos. Esse segredo foi guardado por anos e só foi descoberto por causa desse acidente.

Ela nos faz refletir por quantas vezes não fizemos isso conosco. Por anos, nos "cobrimos de lama", escondemos o nosso "ouro" e esquecemos quem realmente somos. Esse ouro representa nossa essência, mas que por algum motivo não a deixamos brilhar.

Neste momento, peço que reflita sobre quem você é. Quais são as suas melhores características e quais você, por algum motivo, não deixa que o outro saiba ou resiste a essa tomada de consciência. Se isso acontece, tente entender o porquê e como pode fazer para reverter essa situação. Lembre-se: você tem o direito e a obrigação de ser o seu melhor e ninguém pode limitá-la, nem você mesma.

Para entender um pouco mais sobre a autoestima, preste atenção sobre o que estas respostas dizem para você:

➢ Como eu me enxergo tanto por dentro quanto por fora?

➢ Se algo negativo acontecer comigo, mudará quem eu sou de verdade?

➢ Eu me amo o suficiente para aceitar tanto as minhas qualidades quanto os meus pontos a melhorar?

➢ Eu preciso da opinião de terceiros ou de alguma intervenção estética para me sentir especial?

➢ Eu exijo ser respeitada e, acima de tudo, eu me trato com respeito?

➢ Eu tenho valor e sou digna de ser amada tanto por mim quanto pelos outros?

➢ Como eu reajo às coisas boas ou não tão boas que aconteceram comigo?

➢ Qual a importância que dou aos meus sonhos, desejos e necessidades?

Segundo Christophe André e François Lelord (2014, p.22), abaixo estão os três pilares da autoestima:

	AMOR A SI MESMO (A)	VISÃO DE SI MESMO (A)	AUTOCONFIANÇA
ORIGENS	Qualidade e coerência dos "alimentos afetivos" recebidos pela criança	Expectativas, projetos e projeções dos pais sobre o filho	Aprendizagem das regras da ação (ousar, perseverar, aceitar os fracassos)
BENEFÍCIOS	Estabilidade afetiva, relações alegres com os outros; resistência às críticas ou à rejeição	Ambições e projetos que se tenta realizar; resistência aos obstáculos e contratempos	Ação no cotidiano fácil e rápida
CONSEQUÊNCIAS EM CASO DE FALTA	Dúvidas quanto à capacidade de ser estimado (a) pelos outros; convicção de não se achar à altura; autoimagem medíocre, mesmo em caso de sucesso material	Falta de audácia nas escolhas existenciais; conformismo; dependência das opiniões dos outros; pouca perseverança em suas escolhas pessoais	Inibições, hesitações, abandonos, falta de perseverança

Conforme supracitado, o tempo todo somos obrigadas a nos encaixar em determinado padrão de beleza, porém a beleza é subjetiva. Se pensarmos em questão de referencial ao longo do tempo, é notável a constante mudança estética. Mas mesmo assim, nós, mulheres, nos sentimos obrigadas a respeitá-lo. Já parou para pensar que não temos nem mais direito a envelhecer? O que é incoerente, já que a expectativa de vida aumenta a cada ano. Durante toda nossa vida, cristalizamos nossos pensamentos para que a beleza estivesse associada à juventude. Conclusão: não queremos mais envelhecer para não perdermos a tal beleza! Realmente, não podemos negar que a cobrança sobre a mulher é infinitamente maior. Afinal, se a mulher envelhece, ela fica "velha", já o homem torna-se maduro/charmoso. Independentemente da opinião da sociedade, reflita: por que não dar o devido valor ao envelhecimento? Por que não assumir suas marcas de vida, seus cabelos brancos, sua beleza real? O que ou quem te impede que seja você?

A idade é só um número se atentarmos que o que dita a nossa vida é a nossa cabeça. É claro que, quanto mais tempo cuidamos de nossos corpos, há uma grande probabilidade de que haja um envelhecimento com qualidade, mas não podemos negar, o tempo é implacável e o nosso corpo muda a cada dia. Eu faço parte de um grupo de terceira idade que cada vez que o encontro me rende muita alegria e aprendizado. Eles vivem, não são vítimas de si mesmos. Não importa qual o seu limitador, contanto que você tenha sede de ser feliz.

Por favor, entenda que você não precisa ser refém do que aconteceu com você, apenas saiba reerguer-se e aprenda a lidar da melhor maneira com o que tem em mãos. Para isso, é essencial o autoconhecimento. Ele consiste em nos conhecermos para que possamos ter uma maior consciência sobre nossas características, potencialidades, anseios, personalidade, enfim, sobre quem somos. Existem inúmeras maneiras que podem ajudá-la nesse processo, entre elas: ferramentas específicas de autoconhecimento, terapias, Coaching, meditação, exercícios que busquem olhar para dentro, *feedback* etc. Por falar em *feedback*, já pediu para que as pessoas lhe digam o que elas acham sobre você? Tenho certeza que você irá se surpreender!

Ser bela ou não, não está relacionado com aparência em si, mas sim com autoaceitação e autoconfiança. Ame-se, permita-se ser o seu melhor e deixe que a imagem fale por si só!

7

Janaína Calvo

Financeiramente feliz - mulheres inteligentes e suas finanças

Janaína Calvo

Mestre em Controladoria pelo Mackenzie, economista formada pela Faap, contabilista formada pelo Oswaldo Cruz com MBA Executivo pela BBS – Brasilian Business School (módulo internacional realizado em Luanda – Angola), atuou, no setor público, como conselheira de Emprego e Renda do Estado de São Paulo e conselheira do Banco do Povo (baseado na experiência do Grameen Bank). Na área executiva, atua como gerente de Pessoal e Finanças do Crea-SP. Professora dos cursos de MBA da FGV, USCS, Faculdade Eniac, Estácio, INPG e da Universidade Presbiteriana Mackenzie. É professora-autora de diversos cursos de extensão e palestrante e colunista no *blog* Café&Finanças.

Adorava correr na praia com meu pai... era nesses momentos em que percebia que éramos cúmplices... apenas nós dois sentindo o vento percorrendo o corpo, o calor do sol e a liberdade. Desde pequena fui incentivada por ele para ser livre. Depender apenas de Deus e das minhas ações. Essa atitude de meu pai em me fazer acreditar que poderia fazer a diferença independentemente de qualquer coisa me fortaleceu.

Nós, mulheres, por muitos anos fomos forjadas para a reprodução e para o lar. Minha mãe já atuava como sócia de meu pai e esse ambiente me fez acreditar que poderia ser mãe, mulher, executiva e livre. Comecei então a refletir sobre o mundo feminino e comecei a pesquisar alguns dados. De uma coisa tenho certeza: somos criativas. Podemos ver o futuro com outros olhos. E então vi minha mãe, minhas avós, minhas primas e comecei a questionar como nos empoderar e mudar nossas mentes.

Porque ainda muitos esperam que precisemos somente de ajuda (inclusive alguma de nós?). Pois bem, segundo o IBGE, conforme dados de 2010 na pesquisa de gênero, 38% das famílias brasileiras tinham mulheres responsáveis pela renda familiar. A proporção cresceu para 39,3% quando considerados os domicílios das áreas urbanas, ante 24,8% nos das áreas rurais. A pesquisa mostrou também que quando os cônjuges vivem juntos com os filhos as mulheres são consideradas responsáveis em 22,7% das residências. Porém, quando apenas um dos pais vive com os dependentes, as mulheres passam a responder por 87,4% dos lares. É impressionante a força feminina! A nossa participação como responsáveis supera a média nacional quando analisados os domicílios com menor renda. Quando o ganho per capita é de até meio salário mínimo, a proporção de mulheres chefiando sobe para 40,8% e chega a 46,4% nas áreas urbanas. Já quando a renda é de mais de dois salários por pessoa da família, a taxa cai para 32,7%, cinco pontos percentuais abaixo da média geral (37,3%). (IBGE 2010)

Pela dimensão continental, somos um país de muitos desafios. São mais de 200 milhões de habitantes, sendo 51% mulheres (Censo 2010). Desde a década de 1970, a fecundidade caiu de 6,3 filhos por mulher, para 1,9 (Censos 1970, 2010). A expectativa de vida da população subiu: 78,8 anos para as mulheres, e 71,6 anos para os homens (IBGE 2014). Todos esses fenômenos afetaram o tamanho e a configuração das famílias. O mercado de trabalho no Brasil se ampliou para as mulheres nestas últimas três décadas. Elas passaram de 26% para 44% do total de ocupados no País (censos 1980 e 2010). E somente entre 2004 e 2014 (PNAD) foram 7,1 milhões de mulheres, com 16 anos e mais. Incrível como o empreendedorismo feminino, ao longo do tempo, ganhou representatividade nos negócios no Brasil, de acordo com o Global *Entrepreneurship Monitor – GEM (2015 e 2016)*, dentre a porcentagem de empreendedores que iniciam seus negócios no Brasil, 49% das empresas são fundadas por mulheres. Esse é um número que retratou a evolução da mulher perante o empreendedorismo, mostrando que representam quase metade dos empreendedores iniciais. Esse cenário já foi bem diferente, como é retratado pelo GEM (2010), onde no ano de 2002 as mulheres em fase de empreendimentos iniciais representavam apenas 42,4% do total desses empreendedores.

Independentemente do fato de que haja várias conquistas do público feminino em relação à atividade empreendedora, ainda existem algumas diferenças e dificuldades que se apresentam em relação ao gênero (ALMEIDA; GOMES, 2011). Diferenças essas que, segundo os autores, foram construídas socialmente. Nesse sentido, mulheres procuram conduzir negócios utilizando-se da empatia, buscando a compreensão humana através da sinergia (FERNANDES *et al.,* 2015). Ainda segundo os autores, são características como essas que vêm substituindo as formas autoritárias de gestão.

Então percebam, as mulheres vêm empreendendo mais e também gerando empregos. Temos uma gestão mais relacionada às pessoas, gerimos por empatia... Atualmente as questões comportamentais têm sido uma grande busca pelos Recursos Humanos, e mesmo Machado (2002) afirmando que uma das grandes dificuldades de gestão feminina está relacionada a autoconceito e aceitação, falta de suporte, dificuldade para atuar no mercado internacional, dificuldade de financiamento, de acesso às redes, falta de mentores, tamanho das empresas, falta de tempo, dificuldade de conciliar trabalho e família e à ausência de modelos de referência, percebo que o grande problema ainda está relacionado à questão das crenças.

Outra dificuldade discutida pelos autores Peñaloza, Diógenes e Sousa (2008) e Quental e Wetzel (2002) é a multiplicidade de papéis exercidos pelas mulheres, ou seja, a tentativa de conciliação entre trabalho e família, o que muitas vezes é fruto de conflitos. Para Hanson e Blake (2009) apud Serafim (2010), quando se trata de redes sociais femininas, acredita-se que elas tendem a abranger pessoas que são conhecidas, o que acaba por fazer que as redes sociais femininas sejam mais propensas a fornecer informações que não possuem o mesmo tipo de vantagem competitiva. Outra vez a questão das crenças... Interessante esses pontos de vista dos autores. Vejam só, segundo os autores, as mulheres ainda se sentem ameaçadas ao entrar no campo masculino, mas em épocas de crises existem dois tipos de pessoas: as que choram e as que vendem lenços. Mulheres como Anita Roddick, Mary Kay Ash, Oprah Winfrey e Angela Merkel, entre tantas, andaram contra essa maré... Novamente crenças...Precisamos começar a buscar as respostas dentro. Esse é o ponto. Tudo na vida é resultado. Mesmo sem saber o significado disso, inconscientemente agi. Muitas pessoas acabam se frustrando e é muito mais fácil colocar a culpa em alguém... Por tudo o que já passei em minha vida era muito mais fácil entrar em minha zona de conforto e colocar a culpa em ter nascido mulher... ou em minha mãe, por me forçar a viver em eterna competição (principalmente com ela)... ou em meu pai, afinal ele faliu e com isso toda a liberdade que eu tinha escorrera pelos meus dedos. É muito mais fácil encontrar culpados.

Qual a diferença entre os que têm e os que não? Entre os que podem e os que não passam de um fracasso? Não existe propósito em nascer, crescer, acordar, trabalhar, dormir e morrer e não contribuir para algo maior. Tudo o que acontece conosco é resultado, então qual a dificuldade de buscar um novo resultado? Percebi que isso começou a incomodar e comecei a estudar em como obter bons resultados. Conseguimos mudar a situação temporariamente, mas jamais conseguiremos mudar a pessoa. Só conseguimos mudar uma pessoa em todo o universo: nós.

Um dia desses uma pessoa me procurou totalmente aflita pelo fato de descobrir-se herdeira de uma pequena fortuna. O problema era que ela não sabia o que fazer e isso a consumia... o medo a paralisou. Tenho sido obcecada por essa questão. Conforme cresci, vi pessoas de todos os tipos: umas aproveitando os fatos em sua vida (bons e ruins) e outras indo na direção oposta, buscando com as mãos os maiores infortúnios possíveis. Mas o que mais gerava curiosidade era como as pessoas conseguiam os melhores resultados independentemente da situação.

O que leva uma pessoa a escolher o mundo em que vive? Se escolhe felicidade é o que terá. Se escolher reclamação, assim será também. Eu poderia ter escolhido aos 14 anos entrar em depressão e seguir a linha do que os médicos estavam apontando de possibilidades para uma pessoa com trinca na cervical. Ao invés disso, a única data que tinha em mente era a da competição e faltavam menos de 25 dias... não ouvi nada e após alguns dias paralisada com pesos em minha cabeça sentei e mesmo engessada até a cintura continuei firme. Acreditava que voltaria a competir e hoje avalio que essa crença me fez sair daquela situação. Mesmo não competindo, no ano seguinte entrei para uma companhia de dança e segui até os 27 anos, quando meu pai faliu. Agradeço a Deus pelos meus pais e tenho consciência de que sou resultado deles.

Gostaria de oferecer uma receita simples e fácil que garantisse que todos os desejos fossem realizados, mas o único mundo que consigo alterar é o meu... tudo depende de escolhas. Paradoxal, não? Não se trata de um processo linear simples e nosso cérebro é incrível e é formado a partir da nossa convicção. E convicção é algo profundo, diz respeito a crenças.

Na década de 70 um grupo de estudantes de Psicologia entrou no metrô seguindo a sugestão de seu professor, Stanley Milgram (estudioso e famoso por seus estudos acerca da questão "obediência"). Um de seus experimentos estava ligado a como pessoas comuns obedeciam as ordens de pessoas de uniformes (autoridades) até para coisas que poderiam ser encaradas como desumanas. Milgram os incentivou a entrar no metrô para pedir que as pessoas cedessem o seu lugar, a maioria, apesar de ser a contragosto, cedeu. Milgram acreditava que nossas vidas eram guiadas por regras que não estavam escritas em lugar algum e chegou à conclusão de que utilizávamos o senso comum. É pelo senso comum que sabemos quando obedecer regras e quando ignorá-las e também quando nos levantar e desafiá-las. É a essência da inteligência social atuando. E o senso comum depende de cultura, das normas sociais, mídias etc. Isso é modelagem. Tanto para o bem como para o mau. Não adianta querer apenas mudar o ambiente. Esse ambiente poderá ser alterado por um determinado momento, contudo, se não houver uma ressignificação, tudo voltará a ser como antes.

Imagine este exemplo: uma cozinha bagunçada (ambiente) e isso limita as ações que pode fazer (comportamentos), interferindo em seu desempenho (capacidades), fazendo você acreditar que não pode ou não consegue fazer algumas tarefas (crenças), o que pode interferir inclusive sobre o que você pensa de si mesmo (identidade), prejudicando o seu relacionamento com os outros (pertencimento). Neste exemplo percebemos que, se limparmos o ambiente, isto pode potencializar as nossas capacidades, fazendo com que tenhamos novos comportamentos; pode mesmo interferir em nossas crenças sobre nossa identidade, potencializando a nossa missão de vida. Entretanto, se limparmos a cozinha e não soubermos cozinhar, ou se tivermos alguma crença limitante com relação à questão de cozinhar, de nada adiantou a limpeza... O ambiente mudou, mas a pessoa não. "A solução de um problema está em um nível superior ao que foi criado." (Albert Einstein)

Da mesma forma o fato de ter ou não dinheiro. O dinheiro por si não torna ninguém rico. Tem pessoas que trabalham uma vida inteira para terminar sem nada, fracassam em enriquecer. O grande exemplo são as pessoas que ganham na megasena e da mesma forma que se tornam ricas tornam-se pobres. Pessoas que constroem um império e perdem tudo. É interessante trocar tempo por dinheiro... Todos nós possuímos o mesmo tempo. Aquela sensação de segurança que nossa zona de conforto proporciona... tão tênue... pessoas conseguem se manter uma vida inteira nessa corda bamba, sustentando seu corpo pesado além dos seus limites... tornando-se amargas, inseguras, raciocínio lento, por mais estudo que acumulem... não conseguem transformar as informações em poder. Treinam, treinam, treinam e não conseguem colocar em prática nada. Toda água parada apodrece... Acumular conhecimento e não praticar é como acumular água parada.

Nem tudo são espinhos, o caminho é o mais belo e precisamos aprender com nossa trajetória... É mais importante que a chegada. Todo mundo fracassará um dia. A grande diferença está em como a comunicação para o sistema nervoso será dirigida. Temos que tirar o maior proveito da vida. Independentemente de sermos mulheres, mães, gestoras, temos que saber para onde ir. Devemos buscar nosso alvo, sabendo que as necessidades são distintas, por isso os recursos não necessariamente serão escassos.

Referências bibliográficas

ANDERSON, M. Inspection time and QI in young children. **Personality and Individual Differences,** 7 (5), 677 – 686, 1986.

ALMEIDA, I. C.; GOMES, A. F. Comportamento estratégico de mulheres empresárias: estudo baseado na tipologia de Miles e Snow. In: XXXV Encontro ANPAD. **Anais...** Rio de Janeiro, 2011.

AMORIM, R. O.; BATISTA, L. E. Empreendedorismo feminino: razão do empreendimento. **Núcleo de Pesquisa da Finan,** v. 3, n. 3, 2012.

COZOLINO, L. **The neuroscience of psychotherapy: building and rebuilding the human brain.** New York: W. W. Norton & Company, 2002.

DORNELAS, J. C. A. **Empreendedorismo na prática**: mitos e verdades do empreendedor de sucesso. 3. ed. Rio de Janeiro: LTC, 2015.

FILIPO, T.R.M.; ALFIERI, F.M.; CICHON, F.R.; IMAMURA, M.; BATTISTELLA, L.R. **Neuroplasticidade e recuperação funcional na reabilitação pós-acidente vascular encefálico**. Acta Fisiatr. 2015;22(2):93- 6.

FERNANDES, J. C. L.; DE SOUZA, M. M. M.; DE SANTANA, R. D. S.; SANTOS, V. S. Inclusão feminina na hierarquia organizacional: uma breve análise da mulher na gestão contemporânea. **Brasil Para Todos - Revista Internacional**, v. 2, p. 162-181, 2015.

FROTA, E. dos R.; NASCIMENTO, J. J. do.; LUCAS, M. R.; XERUTI, M. D. B.; BITTAR, S. A. y A. O empreendedorismo feminino e sua presença nas MPES. **Fórum de Administração**, v. 6, n. 1, 2015.

GOLEMAN, D. **Inteligência Emocional**. Objetiva, 1995. Tradução Marcos Santarrita. Rio de Janeiro: Objetiva, 2011. recurso digital

JONATHAN, E. G. Empreendedorismo feminino no setor tecnológico brasileiro: dificuldades e tendências. In: EGEPE. **Anais...** Brasília: UEM/UEL/UnB, 2003, p. 41-53.

KAUARK, F. da S.; MANHÃES, F. C.; MEDEIROS, C. H. **Metodologia da pesquisa**: um guia prático. Itabuna: Via Litterarum, 2010.

LEZAK, M. D. **Neuropsychological Assessment** (4. ed.). New York: Oxford University Press, 2004.

LONGENECKER, J. G.; MOORE, C. W.; PETTY, J. W.; PALICH, L. E. **Administração de pequenas empresas**. 13. ed. São Paulo: Cengage Learning, 2011.

O'CONNOR, J. **Manual de Programação Neurolinguística**. Qualitymark, 2004.

ONU. Princípios de Empoderamento das Mulheres. Nações Unidas, 2017. Disponível em: http://www.onumulheres.org.br/wp-content/uploads/2016/04/cartilha_ONU_Mulheres_Nov2017_digital.pdf. Acesso em: 21 jul2018.

PEÑALOZA, D.; DIÓGENES, C. G.; SOUSA, S. J. A. Escolha profissional no curso de administração: tendências empreendedoras e gênero. **Revista de Administração Mackenzie**, v. 9, n. 8, p. 151-167, nov./dez. 2008.

REIS, P. N. C.; MELO, F. A. de O.; ALMEIDA, E. M. S. de P.; CARVALHO, L. C. de.; MAURÍCIO, A. C. S. **A participação feminina na gestão empresarial no século XXI**: um estudo de caso na empresa Magazine Luiza. In: X Simpósio de excelência em gestão e tecnologia. **Anais...** 2013.

STANLEY, M. **Os perigos da Obediência**. **D**isponível em: <https://edisciplinas.usp.br/pluginfile.php/832874/mod_resource/content/1/Os%20perigos%20da%20obediencia.pdf>. Acesso em: 21 jul 2018.

WATTS Jr., D. **Tudo é obvio: Quando você sabe a resposta**. São Paulo: Paz e Terra, 2011.

WUNDERLICH, M. **Felicidade 360º**. São Paulo: SerMais, 2013.

8

Juliana Rickli

A mulher em seus vários papéis.
Como o Coaching pode te ajudar

Juliana Rickli

É *coach* de alta performance certificada pela Sociedade Latino Americana de Coaching e International Association of Coaching.

Master Coach certificada como Life Coach, Executive Coach, Leader Coach e Team Coach.

Analista comportamental; membra do PCA Professional Coaching Alliance; analista de competências pela ATI (Assessment Tool International); formada em Administração.

Trabalha com desenvolvimento de modelos de competências. É consultora e palestrante.

www.julianarickli.com.br
facebook.com/Julianaricklimastercoach
julianahrickli@gmail.com
(42) 99811-3542

Ao longo dos anos a mulher alcançou sua independência e mudou seu papel perante a sociedade. Antigamente, a figura feminina representava os cuidados com o lar, com a família e o marido. Suas funções eram limitadas, e as filhas mulheres já nasciam destinadas a serem esposas, mães e donas de casa. As mulheres sempre foram consideradas o centro da família, pelos papéis da mãe e esposa. Esses papéis eram exercidos quando ainda havia uma divisão clara de tarefas: o homem era o provedor do lar, e a mulher cuidadora desse lar.

Foi a partir da Revolução Francesa, em 1789, que o papel da mulher na sociedade começou a alterar-se.

Papel é o comportamento que os outros esperam de nós em função do "cargo" que ocupamos, ou seja, estar fazendo bem aquele papel, aquela função.

Com a luta pela igualdade dos gêneros e da conquista do mercado de trabalho, as mulheres se reinventaram e hoje assumem altas posições profissionais e têm mais papéis além de mães e donas de casa.

Vou falar aqui sobre MULHERES com M maiúsculo (risos). Essas que representam e assumem vários papéis ao mesmo tempo, no mesmo dia: mãe, esposa, amiga, filha, vovó, executiva, colaboradora, dona de casa, gestora... nossa, falta até categoria para tantos papéis.

Muitas coisas mudaram, até mesmo para as mulheres que não foram para o mercado de trabalho. Hoje a "antiga" dona de casa já consegue falar: "Eu trabalho, meu cargo é 'do lar'". Isso também é uma forma de empregabilidade!

Em um trecho do mestre Chiavenato, ele diz que um profissional bem-sucedido reúne três características essenciais: **conhecimento, perspectiva e atitude.** Porém, ele nunca mencionou o sexo.

Nós descobrimos que podemos confrontar, expor nossos pontos de vista, encarar desafios, ser flexíveis, assumir erros com responsabilidade, sermos honestas e fiéis aos nossos valores, adotamos uma boa comunicação, somos competentes e muito criativas.

Você, mulher, que leu este texto até aqui, é porque ele talvez já tenha feito algum sentido para você ou no mínimo se identificou com algo que a está deixando insegura em seus papéis, decisões, escolhas, principalmente na administração do tempo, que muitas vezes não é um parceiro, nos desafios do dia a dia.

É bom que você entenda que as decisões tomadas na carreira, em casa ou em qualquer área da sua vida são primordiais para a história que você está construindo.

Convido você a olhar para os papéis que você tem hoje, e buscar entender como você tem lidado com eles. Para isso preencha o teste que a ajudará nisso:

PAPEL	Qual tem sido sua satisfação nesse papel? 0 nada satisfeita e 10 muito satisfeita	Qual seria a nota ideal?	Qual papel tem mais ocupado seu tempo em horas? (Escreva quantas horas do dia gasta com cada um deles)	Marque qual deles hoje tem mais importância para você
MULHER				
FILHA				
AMIGA				
PROFISSIONAL				
ESPOSA				
MÃE				
DONA DE CASA				
OUTROS (SOCIAL)				

Você que parou a leitura aqui e preencheu essa tabela, já deu o primeiro passo em busca do equilíbrio entre os papéis, digo a você que não há definitivamente uma solução para todas as mulheres. Elas são "únicas" e as soluções para suas vidas também são.

A necessidade de dividir

Nós somos românticas, sensíveis, únicas. No entanto, além de mãe, feminina etc., a mulher PODE também ser trabalhadora, participativa e capaz de contribuir de algum modo para a evolução dos tempos e da sociedade.

Na atualidade a mulher possui multifunções: é mãe, profissional e ainda cuida da beleza e da aparência. É um desafio para a mulher moderna atuar com tantas funções e responsabilidades, e muitas vezes se sente sobrecarregada e com dificuldade para se posicionar em todas as áreas de sua vida.

Nossa relação com o binômio carreira/família é diferente da do homem. Eles veem como totalmente possível ter uma carreira de sucesso e uma vida pessoal completa. Embora sofra cada vez mais pressão da mulher para que se dedique mais à família (por que só ela?), mesmo assim não o vemos "abandonando" (ou diminuindo) horas da carreira com esse intuito. Ele lida mais facilmente com os aspectos de família e trabalho em sua vida: "É como dá para conciliar, é pena, mas é isto".

A mulher não toma como acertada e definitiva a equação carreira/família como o homem faz. Mesmo engajada numa atividade profissional, ela leva muito mais em conta (e se preocupa) com o tempo que reservará à família (ao marido e filhos), zelando pelo seu papel particular na mesma.

Você está se sentindo sobrecarregada?

Divida funções, delegue, peça auxílio às pessoas próximas ou ao seu companheiro. Vença em você mesma o mito da mulher perfeita, daquela que faz tudo, tudo sozinha. Divida os afazeres domésticos com seu esposo e filhos, isso pode ser divertido e educativo, crie a cultura de que a casa é de todos, e que cada um precisa contribuir com a ordem e a limpeza. Seja mais relevante com sua secretária do lar, estabeleça com ela uma rotina que mais se adeque as suas necessidades, e lembre-se daquele papel que hoje você escolheu como mais importante.

Busque equilibrar a sua vida e dosar os seus afazeres domésticos e profissionais, estabelecendo prioridades entre casa, família, filhos, marido, trabalho, estudos...

Talvez até aqui você já tenha percebido que precisa mudar algumas coisas para se sentir menos pressionada por todos os seus papéis, e até mesmo pelas cobranças que você mesma se faz e esteja pensando: "Como posso mudar? Como posso fazer diferente?"

Para isso convido você a analisar sua rotina e responder:

O que você gosta de fazer e faz?

O que você faz e não gosta?

E também o que você não faz porque não gosta?

Respondendo a essas perguntas você terá a capacidade de manter aquilo que flui bem, realçar suas preferências, eliminar e transformar aquilo que não está bem.

É importante que você escreva aquilo que deseja mudar, ao escrevermos, segundo especialistas e neurologistas, utilizamos outra parte do cérebro, concentramos o foco, e demonstramos a importância ao nosso inconsciente.

Desafios da mulher moderna: decisões importantes

Não há dúvida que as mulheres estão procurando resolver as questões que são essencialmente femininas, já que profissão, maternidade e casamento são caminhos de realização e identificação feminina, nós somos portadoras de vida, e isso em algum momento vai nos gerar dúvidas como:

- Ter filhos ou não?
- Quando ter filhos?
- Contrato babá, deixo com a vó, levo para a creche ou paro de trabalhar?
- Depois de ter filho, vou trabalhar em tempo integral ou meio período?
- O que eu posso planejar desde agora que pode facilitar e trazer segurança quando eu for mãe?

Aqui coloquei algumas questões que nós mulheres nos perguntamos, a verdade é que no nosso dia a dia temos muitas decisões para tomar.

É nesse momento que quero trazer a você mais uma ferramenta do Coaching muito utilizada para a tomada de decisões. Chama-se Matriz de Perdas e Ganhos.

Ela irá ajudá-la a perceber os ganhos e perdas das situações que surgirem para você fazer escolhas. Fazendo uso dela para as variadas decisões que tiver que tomar você terá a clareza da motivação pela qual você tomou essa decisão.

Vou trazê-la com um exemplo para que você perceba como as informações colocadas dessa forma tornam a decisão mais clara.

SITUAÇÃO 1: ficar em casa com o filho(a)

PERDAS	GANHOS
Não terei salário	Poderei amamentá-lo exclusivamente no peito
Estarei sem carteira assinada	Ele estará protegido de pegar virose, sem o contato com outras crianças
Não vou ter aquela promoção de cargo	Cuidarei bem das roupas dele
Etc.	Etc.

SITUAÇÃO 2: voltar ao trabalho

PERDAS	GANHOS
Estarei sempre preocupada com o bebê	Minha carreira profissional mantida
Terei desconto no salário quando faltar pelo bebê estar doente	Terei meu salário
Deixar o bebê por viagem a trabalho	Posso alcançar aquela promoção de cargo
Etc.	Etc.

Fonte: Slac

(Preencha com no mínimo seis opções, isso aprofundará a sua decisão)

Perceba como você amplia sua visão no sentido de decidir, ou até mesmo de buscar outra possibilidade que ainda não tinha sido pensada.

Quando você também tem o papel de mãe para exercer fica muito mais sensível na hora de tomar decisões, digo isso porque estou nesse papel. Eu costumo também me fazer outras perguntas quando preciso tomar decisões:

Se você fosse considerar o que é possível ao invés do que é provável, como as coisas mudariam?

Como estará seu filho(a) daqui a dois anos nas diferentes situações?

Imagine que você está com 90 anos de idade, feliz e saudável sentada numa cadeira de balanço; que conselho você daria a si mesma nesse momento?

Se você fosse confiar plenamente em sua intuição, o que você diria a si mesma?

Pense em alguém que você realmente respeita e admira. Ele olharia de forma diferente essa situação?

Quem poderia lhe apoiar com a possibilidade de ajudá-la na resolução desse problema?

Essas são algumas perguntas poderosas que podem trazer respostas das quais você não irá se arrepender no futuro. Realmente se faça essas perguntas, elas não têm uma resposta pronta, elas têm a resposta que você dará de acordo com a sua realidade e necessidade.

EQUILÍBRIO: Busque continuamente

Para conciliar tantas atividades, dupla e tripla jornada, dar resultados e ainda manter o equilíbrio, a mulher precisa cada vez mais ter consciência de si mesma, de suas forças, talentos, crenças impulsionadoras e limitantes. Para isso busque o seu autoconhecimento e desenvolvimento contínuo, bem como conhecimentos técnicos, de gestão de pessoas e de negócios.

Aliado a isso utilize um bom planejamento semanal, desenhe sua semana, tire alguns minutos para isso e não perca tempo depois.

Lembre-se de distribuir os compromissos de forma a não preencher o máximo do seu tempo, porque imprevistos podem surgir.

Por mais que o equilíbrio nos pareça utopia, com o bom planejamento semanal ele virá como consequência.

Nesse planejamento estará definindo semanalmente:

Suas prioridades: sim!! Entre o que é importante e urgente precisamos ter prioridades, escolhas alinhadas com aquilo que você definiu hoje como mais importante.

Tirando obstáculos do caminho: sabe aquelas situações que vamos prorrogando?... isso suga nossa energia e disposição, resolva!

Coisas que não podemos esquecer: crie o hábito de fazer pequenas listas, isso a ajudará a não passar por esquecida ou desatenta.

Metas para os próximos três meses: alguns objetivos nossos não são alcançados da noite para o dia. Por exemplo, se você quer estar bem no verão. É bom que você se antecipe para que consiga atingir essa meta.

Finalizar: deixarmos várias coisas só começadas pode nos desanimar muito, trazendo a sensação de incapacidade. Por exemplo, uma leitura, aquela separação nas roupas das crianças etc., com disciplina você fará muito mais que imagina!

O que me faz perder tempo: telefonemas, WhatsApps, *e-mails*, Facebook e outros.

Defina um objetivo no longo prazo: não deixe de preencher isso, lembre-se de que para quem não sabe aonde vai... qualquer caminho serve. Isso pode ser muito frustrante.

Acelere sua produtividade: utilizando-se de todas as ferramentas deste capítulo com certeza você já teve muitos *insights*. É hora de partir para a prática!!

Foco em você: se estiver bem com você mesma isso refletirá bem em todos os seus papéis.

Tenha esse planejamento como seu aliado na busca do equilíbrio e esteja sempre ciente do que as pessoas esperam de você – seja qual for o seu papel nesta vida, faça bem feito. Se você é mãe, filha, funcionária, gestora, esposa, dona de casa ou estudante, saiba de uma coisa: só você pode exercer esse papel. A responsabilidade é sua – não a negligencie. Desempenhe bem seu papel utilizando todas as ferramentas que o Coaching tem para te ajudar.

Forte abraço, amigas.

Referências bibliográficas
CARDOSO, C. Mulher V. Ediouro, 2013.
CHIAVENATO, I. Introdução da Teoria Geral da Administração. Elsevier, 2004.
www.significados.com
MCCULLEY. C.; SHANK, N. Mulher, cristã e bem-sucedida. Fiel Editora, tradução 2018.

9

Lani Menezes

A força
da mulher cristã

Lani Menezes

Coach profissional pelo IBC e *coach* cristã. Palestrante, empresária, consultora empresarial e professora de pós-graduação de Liderança e Coaching. Mais de 20 anos de experiência na área corporativa e há seis anos atuando como *coach*. Tem como missão conduzir as pessoas no seu desenvolvimento emocional e espiritual para alcançar a plenitude da vida profissional. Especialista em Neurocoaching pelo NCC e analista comportamental (IBC). Graduada em Estatística (FACEN), Ciências Atuariais (SUESC) e Teologia (IBRENJ), com MBA em Gestão Estratégica (UFRJ) e mestrando em Gestão de Pessoal e Gestão do Conhecimento pela FUNIBER.

Mãe do Ian e Eric, esposa do Jose Richard, filha de Terezinha e José e serva do Senhor.

www.lanimenezes.com
Instagram e Facebook: @lanimenezescoach
WhatsApp: (21) 99943-4310

> "A beleza é enganosa, e a formosura é passageira; mas a mulher que teme ao Senhor será elogiada."
> Provérbios 31:30

O Coaching é um processo personalizado de desenvolvimento para as pessoas atingirem seus objetivos. O processo é feito por diálogos, ferramentas e técnicas que ajudam a adquirir novas habilidades e potencialidades para executar as mudanças necessárias. No Coaching tradicional a abordagem parte de dentro do indivíduo para fora (conceito humanista). O ser humano é um ser importante.

No Coaching cristão a definição é a mesma de utilização de ferramentas e técnicas. Porém, a abordagem é CRISTOCÊNTRICA, ou seja, Cristo é mais importante e se revela no ser humano. Esse processo apoia o ser humano no encontro da felicidade e realização segundo os princípios bíblicos.

O Coaching cristão entende que é DEUS quem inicia e conduz a transformação no homem. É o Espírito Santo quem desperta a necessidade de mudança e permite que ele acesse internamente as respostas. E que tudo vem de DEUS, deve ser por Ele e para Ele nossa vida.

> "O homem só produz bons frutos e encontra verdadeira felicidade quando ligado a Cristo, a videira verdadeira." João 15:11.

E como descrevo a relação do Coaching cristão com a mulher?

JESUS é o grande e primeiro *coach* de nossas vidas. Ele viveu na plenitude todos os princípios da saúde intelectual, emocional, espiritual e social, num ambiente em que tinha todos os motivos para ser uma pessoa fracassada ou mesmo viver das reclamações da vida. Mas não, ele nos mostrou em seu viver e em suas atitudes o que deveríamos ser e fazer para vivermos igualmente a ele a plenitude da vida.

Aonde Jesus Cristo penetra produz grandes mudanças nas vidas humanas e nas nações.

E com a mulher não foi diferente. A primeira sessão de Coaching de Jesus com uma mulher aconteceu junto ao poço de Jacó, em Samaria. No episódio narrado no Evangelho de João capítulo 4. Jesus, o *coach*, encontra-se com a mulher samaritana e desse encontro nasce um maravilhoso diálogo, que se transforma numa poderosa sessão de descobertas de missão e propósito de vida para aquela mulher.

Com uma simples petição (dá-me de beber), o nosso Senhor declara que a parede divisória desaparece onde o evangelho se faz presente.

Naquele momento a mulher samaritana estava surpresa com o fato de Jesus se dirigir a ela, pedindo água de seu cântaro "impuro". Mas a impureza não estava no cântaro, e sim na vida dela. E era aquela vida que o Senhor Jesus queria purificar naquele momento.

Ainda que a mulher samaritana não entendesse a princípio que a verdadeira água viva estava fora e não no fundo do poço, os progressos começavam a aparecer. Os preconceitos socioculturais que impregnavam tanto judeus como samaritanos começam a ser quebrados por parte dela.

Ressalto que a mulher samaritana não era desprezada apenas pelos judeus, mas também pelo seu próprio povo, em razão da vida libertina que levava. A vida dela era um emaranhado de problemas com adultérios e divórcios. "Na sociedade de então, isso fazia dela uma pessoa rejeitada e proscrita, com um *status* social igual ao de uma prostituta comum." Com a conversa de Jesus, aquela mulher encontra a sua missão de vida. Ali, junto a Jesus, ela compreende que seu maior problema não era a falta de um amor humano, mas a ausência da água da vida. A mulher estava diante de um poço natural, mas aos poucos foi abrindo seu entendimento para o fato de que o poço que ela precisava era espiritual.

Ela se apresentava cheia de dúvidas e questionamentos. E suas perguntas manifestavam o profundo desejo de sua alma por respostas. As palavras de Jesus a fizeram compreender o segredo da vida. Ela não foi julgada por Jesus e isso a fez ouvir de forma profunda o que ele dizia.

E as grandes lições que aprendemos desse encontro de Jesus com a mulher samaritana se iniciam com o resultado da conversa, onde vemos uma mulher desprezada e colocada à margem da sociedade por todos sendo transformada em entendimento de sua posição, de sua necessidade e usada poderosamente por Cristo, independentemente de seu passado.

E o aprendizado para nosso tema fixa-se no poder que está em caminhar com nosso grande Mestre e *Coach*, Jesus Cristo, aplicando seus ensinamentos para nos levar a reflexões e mudanças significativas em nossos pensamentos e atitudes, nos tornando melhores a cada dia.

Esse é o Coaching cristão e essa é a força da mulher cristã. Quando unimos os conhecimentos do Coaching com suas técnicas de perguntas poderosas e associamos a palavra de sabedoria de Deus, temos uma transformação verdadeira em nossas vidas, nos transportando a patamares maiores de conhecimentos sobre nós mesmos, e nos levando a uma vida plena e abundante na presença de Deus.

A mulher que DEUS quer usar não é uma supermulher.

É a mulher que vive segundo o que ele planejou e não de acordo com o que o mundo ensina ou espera dela.

A mulher cristã vive no mundo, mas não pertence a ele. As regras que regem a sua vida vêm do trono de DEUS e, assim, ela possui a força de DEUS dentro dela e jamais subestima a sua capacidade, pois essa vem das mãos do Senhor.

As mulheres que temem a DEUS são como pérolas valiosas. DEUS as colocou em uma concha (corpo), lapidou e escolheu o melhor que está dentro dela. Precisamos reconhecer esse valor, porque a mulher é uma pérola para DEUS. Não importa o que vemos por fora, o que vale é o que tem dentro e foi DEUS que criou e Ele quer que mostremos isso ao mundo. O nosso melhor.

Por vezes a vida propõe desafios, mas, para caminhar na direção de DEUS, precisamos tomar decisões. E, para buscarmos o padrão bíblico, temos que nos tornar alpinistas, ter espírito de águia, querer mais e mais do Senhor. Ter a consciência de que Ele nos capacitou, e que precisamos ser livres do medo da impossibilidade e desejarmos ser como PÉROLAS. Únicas, lindas, fortes, marcantes e de DEUS.

A força da mulher cristã vem para resgatar o modo de ser, de viver, de pensar da mulher, através da palavra de DEUS que conforta, sustenta e ensina a derrotar o medo, a ansiedade, e a olhar, não para as tribulações e obstáculos da vida, mas concentrar-se no poder e no amor de DEUS por nós.

No projeto A Força da Mulher Cristã, tratamos de quatro grandes tópicos, que são autoconhecimento, autorresponsabilidade, inteligência emocional e inteligência espiritual.

Vamos descrever o autoconhecimento e os passos para alcançá-lo com o respaldo bíblico de cada passo. Assim, tenho a certeza de que ao iniciar essa jornada da Força da Mulher Cristã você irá reconhecer a força que Deus lhe deu e saber que com Ele podemos ser e viver o melhor nesta Terra.

Aqui vamos aprender com DEUS e, principalmente, deixar DEUS ser DEUS para cumprir em nós suas promessas.

Autoconhecimento

"E conhecereis a verdade e a verdade vos libertará." Jo 8:32

Autoconhecimento é designar esforços para conhecer a si mesmo e as suas emoções. É descobrir suas qualidades, capacidades, bem como pontos que devem ser melhorados. É também saber lidar com isso tudo e encontrar as oportunidades para se desenvolver.

E Jesus nos diz que, se conhecermos a verdade, saberemos exatamente quem somos, e assim seremos livres para nos transformar em um ser melhor a cada dia. Nessa jornada de autoconhecimento destaco cinco passos, que considero importantes, com seus princípios bíblicos que farão você refletir e buscar a sua verdade:

1) **Tenha objetivos claros:**

Através da preparação mental, estabeleça metas com resultados, mobilizando a energia para chegar lá. Transforme objetivos frios em objetivos revestidos de entusiasmos e fervor. Aja como se tivesse obtido o resultado, com bom senso. E tenha a consciência do preço que será preciso para alcançar o que deseja.

a) Escreva o que você deseja alcançar em cada etapa de sua vida;

b) Anote tudo no papel de forma clara e detalhada;

c) Estabeleça os prazos para alcançar os seus objetivos;

d) Descreva um plano com todas as ações que você deverá fazer para alcançar os objetivos;

e) Entre em ação.

Princípio Espiritual: Lucas 14.28-30

> "Qual de vocês, se quiser construir uma torre, primeiro não se assenta e calcula o preço, para ver se tem dinheiro suficiente para completá-la? Pois, se lançar o alicerce e não for capaz de terminá-la, todos os que a virem rirão dele, dizendo: 'Este homem começou a construir e não foi capaz de terminar'."

2) **Conheça suas emoções:**

Aprenda a nomear suas emoções, e isso não significa não sentir, mas sim saber como agir perante a emoção ou sentimento. Ao ter o controle de si próprio, torna-se mais fácil pensar sobre soluções diante das diversas situações diárias.

a) Identifique sua emoção. O que estou sentindo?

b) Identifique a causa ou necessidade que não foi alcançada para sentir o que você está sentindo.

c) Qual ação é necessária para que haja uma mudança?

Princípio Espiritual: Efésios 4. 22-24

> "Que, quanto ao trato passado, vos despojeis do velho homem, que se corrompe pelas concupiscências do engano; E vos renoveis no espírito da vossa mente; E vos revistais do novo homem, que segundo Deus é criado em verdadeira justiça e santidade."

3) **Viaje ao seu interior:**

Aceite-se e se conhecerá melhor. Aceitar não significa GOSTAR. Para nos livrarmos de coisas e sentimentos ruins temos que aceitar. Todo ser humano está inserido em sua própria história.

a) Liste seus pontos fortes e seus atributos;

b) Faça uma lista de suas conquistas;

c) Faça uma lista de pensamentos negativos que você tem sobre você mesmo;

d) Mude as expectativas sobre você mesmo;

e) Pratique afirmações diárias sobre aquilo que você deseja ser.

Princípio Espiritual: 1 João 1:9

> "Se confessarmos os nossos pecados, Ele é fiel e justo para perdoar os nossos pecados e nos purificar de toda injustiça."

4) Aprecie-se:

Ninguém pode ser feliz se não apreciar a si mesmo. Cada pessoa como indivíduo é muito importante para DEUS. Ame-se pelo que você é.

a) Aprecie a sua beleza;

b) Aprecie a beleza ao seu redor.

Princípio Espiritual: Mateus 10.30-31

"Até os cabelos da cabeça de vocês estão todos contados. Portanto, não tenham medo; vocês valem mais do que muitos pardais!"

5) Perdão:

Se errei, reconheço, peço perdão, me corrijo, aprendo e sigo em frente. O perdão é a cura da alma.

a) Pratique o perdão com você;

b) Pratique o perdão com o outro;

c) Transforme os pensamentos de culpa em afirmações de gratidão

Princípio Espiritual: Efésios 4:31-32

"Livrem-se de toda amargura, indignação e ira, gritaria e calúnia, bem como de toda maldade. Sejam bondosos e compassivos uns para com os outros, perdoando-se mutuamente, assim como Deus os perdoou em Cristo."

A força da mulher cristã está em buscarmos o conhecimento da palavra de Deus e aplicá-la, incondicionalmente, em nossas vidas. Particularmente, tenho adotado com grande satisfação em minha vida. Embora não seja fácil, é compensador, pois a cada dia percebo a mão de Deus conduzindo a minha jornada.

Desejo que você também aplique esses conhecimentos em sua vida, e que sinta a mão de Deus a transformando todos os dias, até a consumação dos séculos.

Que Deus te abençoe!

10

Leila Cristina Jorge

5 passos para conquistar
**sua sexualidade,
liberdade e felicidade sexual**

Leila Cristina Jorge

Bióloga. Pós-graduada em Terapia Sexual na Saúde e Educação. Hipnoterapeuta Clínica formada pela OMNI; hipnoterapeuta Ericksoniana formada pelo ACT INSTITUTE; PNL formada pelo SIBPNL Mind Education; Personal and Professional Coach pela SBCoaching; Positive Coach pela SBCoaching.

Membro da ABRASEX – Associação Brasileira dos Profissionais de Saúde e Educação e da APRAPCOACHING – Associação Brasileira de Profissionais de Coaching.

Escritora. Autora dos capítulos *Coaching e Sexualidade - Vamos falar como quebrar os tabus para ser feliz*, no livro "Liberte seu Poder 360 graus", da Editora Leader; *5 Passos para conquistar sua Sexualidade, Liberdade e Felicidade sexual*, nesta obra da Editora Leader; e capítulo no livro "Mulheres Antes e Depois dos 50", também da Leader. Participou ainda com o capítulo "Amor, Sexo, Sexualidade, Erotismo... iguais mas diferentes!", na obra "O Grande Livro do Amor e Sexo", da Editora Literare.

É locutora da Rádio Web Leader no programa "Sexualidade e Você".

Antes de mais nada, minha querida amiga mulher, vamos explicar o que seja sexualidade.

A sexualidade é uma parte integrante da vida de cada indivíduo que contribui para a sua identidade ao longo de toda a vida e para o seu equilíbrio físico e psicológico. A sexualidade, como está descrito pela OMS, é "Uma energia que nos motiva a procurar amor, contato, ternura, intimidade, que se integra no modo como nos sentimos, nos movemos, tocamos e somos tocados; é ser-se sensual e ao mesmo tempo sexual; ela influencia pensamentos, sentimentos, ações e interações, e por isso se reflete também na nossa Saúde Física e Mental".

Acredito que você também não conheça nada mais chato que aquele sexo cheio de regras, de cobranças, preocupações e pensamentos de isso é "certo ou errado", não é verdade? Devemos sempre ficar atentas também para o fato de que os homens machistas e egoístas tendem a ser maus parceiros de cama, pois em geral não se preocupam com o prazer da parceira e acreditam que a mulher tem a obrigação de ser seu objeto sexual sempre que ele quiser, além de se basearem em filmes pornôs onde a atriz está sempre disponível para dar prazer ao homem. Amiga, fuja desses tipos!

A responsabilidade por um sexo bom é dos dois e se a sintonia, a dedicação e a cumplicidade forem equilibradas entre vocês, as chances de terem relações muito prazerosas são maiores.

Um bom sexo é aquele em que a gente se perde, deixa de pensar e começa a sentir. Porque, afinal, não existe certo ou errado.

Para que o sexo, entre homem e mulher, ou entre mulheres, se você prefere, seja prazeroso para ambos, é essencial que os dois se dediquem. Que um aprenda o que o outro gosta e que sintam tesão um do outro, que se encantem com a ideia de dar prazer a outra pessoa e se permitam sentir prazer que vem de uma grande entrega.

A atividade sexual é uma parte muito importante da nossa vida, por isso o sexo deve ser feito com prazer e liberdade para que seus efeitos, químicos, físicos e psíquicos, sejam realmente benéficos e bem aproveitados, deixando o corpo relaxado e satisfeito.

Um bom relacionamento com qualidade de vida sexual ajuda a mulher a ter mais autoestima e melhor saúde. Lembre-se de que não há posição certa ou errada, pois o que importa é que os dois possam usufruir desse momento de intimidade. E, para isso, é necessário que o casal possa se permitir o prazer. Nossa sociedade, apesar de toda a evolução, ainda é muito fechada para o tema, tem muitos tabus e preconceitos.

Essa liberdade é muito importante para que a atividade flua de modo gostoso e não se torne um fardo ou uma obrigação, especialmente quando se trata de casais que já estão juntos há muito tempo, e o relacionamento caiu na rotina.

A atividade sexual deve ser consensual. Você deve estar desejando fazer sexo e deve respeitar sua vontade ou falta dela. Por exemplo, se não lhe agrada o sexo anal, ou o oral, ou seja lá o que for, você precisa comunicar ao seu parceiro e respeitar seus limites. Não pratique alguma modalidade sexual que a agrida. O fundamental para sentir prazer é estar confortável e entregue.

Como tudo que é importante na vida e que envolve relacionamento, a prática sexual precisa ser alimentada com novidades. Não precisam ser coisas difíceis de fazer ou conseguir. As inovações sutis também fazem efeito. Principalmente em um relacionamento mais longo, os detalhes fazem bastante diferença. Exemplos: uma *lingerie* diferente, um filme que motive o desejo. Adapte ao formato de sua rotina e de sua vida os pequenos gestos que podem fazer uma grande diferença.

1° PASSO – Conheça e aceite seu próprio corpo

A prerrogativa básica para sentir prazer e desfrutar de um sexo satisfatório é estar focada na inteiração com seu parceiro ou parceira. Se você estiver distraída dizendo a si mesma que seu corpo não é suficientemente atrativo ou imaginando que seu parceiro(a) não a acha atraente, suas chances de conseguir aproveitar e ter as melhores sensações advindas da prática são quase nulas.

Os tabus e mitos no que diz respeito à sexualidade e seus pormenores podem atrapalhar de maneira muito expressiva sua vivência desse momento, causando um "bloqueio" mental e não permitindo que você, mulher, entre em conexão com seu parceiro, dificultando a entrega total que faz o sexo ser tão gratificante. É de suma importância a quebra de paradigmas acerca de sua sexualidade para que possa usufruir de um sexo com alta qualidade.

• **Conheça suas zonas erógenas** - A masturbação é extremamente importante porque possibilita ao indivíduo se conhecer, tocar seu corpo e identificar as zonas erógenas, as áreas mais sensíveis e ligadas a sua capacidade de sentir prazer. Um espelho é também muito útil, muitas mulheres nunca se olharam e desconhecem as características de sua vulva. Quando você se envolve em uma prática sexual com seu parceiro já tendo ciência dos caminhos para seu próprio prazer a chance de um bom sexo aumenta significativamente. Lembre-se de que o seu prazer é sua responsabilidade, só você pode determinar o que a agrada, o que dá boas sensações e o que você realmente não gosta. Respeite seus limites e saiba dizer "não".

2° PASSO – Defina seus objetivos com clareza

Para que você consiga alcançar suas metas elas devem estar bem claras e definidas. Por isso é muito importante que você defina seus objetivos. Eles devem estar bem contextualizados, específicos, e serem viáveis.

• **Defina suas metas** – Como já falei, as metas são o pilar das suas ações e, além de darem um norte, servem também como âncoras, lembretes dos motivos pelos quais decidiu lutar por elas. Por isso, defina seus alvos de forma realista, elencando estratégias, recursos e prazos para realizá-las e motivando-se a dar o seu melhor pelo sucesso delas.

3° PASSO – Desenvolva um plano de ação

- **Organize-se** – Na prática isso quer dizer que você deve promover seus objetivos e encontrar mecanismos efetivos para ajudar a organizá-los. Uma boa dica é usar planilhas ou aplicativos de metas, que oferecem um acompanhamento dos progressos e também dos pontos de melhoria. Outra, melhor ainda, é buscar a ajuda de um *coach*, profissional que, com suas técnicas, ferramentas e métodos de Coaching, poderá auxiliá-la em sua jornada de organização pessoal e, com isso, conquistar seus alvos de forma ainda mais rápida, planejada e efetiva.

- **Seja realista** – E desde já quero dizer que isso não tem nada a ver com ser uma pessoa pessimista, que não acredita em si mesma, mas com trabalhar com uma realidade que seja possível de ser mudada, com os recursos de que dispõe, e dentro do período pretendido. Por isso, ao definir seus objetivos seja sempre o mais verdadeiro possível. Sonhe com os pés no chão e trabalhe dentro de possibilidades reais e tangíveis. Do contrário, se desconsiderar o seu verdadeiro estado atual e os fatos, na primeira dificuldade você desistirá. Como não é isso que queremos, além de realista seja sempre otimista e determinada também.

- **Trabalhe seus pontos de melhoria** – Para realizarmos qualquer coisa na vida precisamos conhecer precisamente quais são os obstáculos que podem nos impedir de concretizar nossos sonhos. Isso inclui identificar em nós mesmos quais são os pensamentos e comportamentos que podem sabotar nosso sucesso. Por isso, para conquistar seus resultados extraordinários é essencial fazer uma autoavaliação e verificar quais são seus pontos de melhoria, de modo que assim possa trabalhar para eliminá-los em definitivo.

Essa virada de chave deve acontecer em relação a todos os seus autossabotadores. Para isso, comece a identificá-los um a um e trabalhe com inteligência, resiliência e afinco para bloquear e eliminar as suas influências negativas.

• **Conheça seus recursos** – Ainda que não conheça todos, saiba que você possui uma infinidade de recursos que podem ser muito úteis nesse caminho que você pretende trilhar. Na prática, são exatamente esses talentos e competências que a ajudarão na realização dos seus sonhos. Por isso mesmo, é muito importante que você identifique quais são essas habilidades e também os recursos materiais que podem ajudá-la a conquistar os seus objetivos.

• **Tenha foco** – Se você realmente quer alcançar seus objetivos de ter uma vida sexual plena e feliz, precisa manter-se no caminho certo. Isso significa ter foco e não ficar usando desculpas para não fazer o que precisa ser feito. Seu sucesso depende diretamente do seu comprometimento e que esteja 100% comprometida em realizar o seu plano pessoal.

Focalize no seu estado desejado, imagine como será quando conquistar aquilo a que se propôs e apegue-se apenas a isso. Não deixe, portanto, que a falta de foco a impeça de conquistar o extraordinário, afinal sua vida sexual pode e será maravilhosa. Mantenha-se firme e forte, você pode!

4° PASSO – Quebre crenças limitantes

As crenças limitantes surgem desde os primeiros anos de nossas vidas, e também pela nossa experiência com diversas situações do dia a dia. Assim se forma o nosso modelo mental de percepção do mundo, mas este modelo nem sempre corresponde à realidade.

Assim nascem as crenças limitantes, que são pensamentos, interpretações que você toma como verdadeiros, mas que no fundo são falsas ou pelo menos não são verdades absolutas. Essas crenças impedem a sua vida de se tornar melhor.

Ou seja, quanto mais somos submetidos a experiências ruins, mais acumulamos uma imagem mental negativa sobre nós mesmos e demais pessoas. Na infância, por exemplo, se uma mãe ou um pai diz a sua filha que a atitude dela ao tocar em seus genitais é feia ou suja, ou o que é pecado, que uma menina não pode fazer isso, muito provavelmente esta atitude dos pais sabotará sua **autoestima** e a deixará mais insegura em suas ações futuras em relação à própria sexualidade.

A grande questão das crenças limitantes é que elas acabam sendo geradas de uma forma inconsciente. Ao longo da nossa caminhada, não questionamos o que acreditávamos ou o que nos era imposto e, por conta desse comportamento, não vimos o impacto negativo dessas situações.

Tente identificar as suas crenças limitantes, especialmente aquelas que mais a atrapalham no momento. Ao dispor essas crenças na sua frente, faça o possível para entender qual a causa de cada uma delas. Relembre situações, busque na memória e tente encontrar a raiz do problema.

Uma crença negativa muito comum atualmente é nunca estar com o corpo perfeito, isto é, a insatisfação com o que se vê no espelho.

Neuras com o próprio corpo na hora do sexo impedem que você aproveite os prazeres e benefícios que esse momento oferece. Não é preciso ser magra ou estar dentro de um padrão de beleza estipulado pela mídia para que se faça mais sexo e com mais qualidade!

Venho estudando a sexualidade humana há muitos anos, e das observações e estudos que tenho feito pude concluir que a grande maioria das pessoas tem alguma dificuldade ou inadequação sexual, o que não as deixa ter uma vida plena.

Vamos criar, a partir desse ponto, uma crença fortalecedora. Troque aquela frase ou situação negativa por uma que lhe dará forças para continuar lutando até atingir o objetivo que você determinou.

Vá insistindo nessa ideia, naquilo que você passou a acreditar, até que essa crença fortalecedora se torne um hábito em sua vida! Seu cérebro irá se acostumar com o novo padrão de pensamento e o transformará em realidade.

• **Motive-se** – É preciso se motivar todos os dias e manter-se conectada aos motivos que a fizeram definir suas metas. Com certeza, se colocou esses alvos como prioridades é porque eles verdadeiramente são muito importantes para você. Lembre-se disso e não deixe que sentimentos de dúvida, medo e ansiedade a sabotem ou que as pessoas ao seu redor a desmotivem com seu pessimismo. Se você acredita, pode e vai realizar todos os seus objetivos. Siga em frente!

5º PASSO – Execute o que foi detalhado e planejado

Essa é uma tabela que você deve preencher e irá lhe ajudar a desenvolver seu plano de ação.

Situação atual	Ações e passos imediatos	Metade do caminho	Passos e ações intermediários	Futuro

Converse com seu parceiro sobre sexo, pergunte se está satisfeito e o que poderia melhorar. Trabalhe sua mente no intuito de ouvir críticas e usá-las para melhorar e explorar mais sua capacidade de se relacionar sexualmente. Durante o sexo a comunicação também é importante, é necessário que você guie seu parceiro em busca do **seu** prazer. Dizendo claramente onde quer ou não quer ser tocada, de que maneira você gosta mais e procure também se lançar em novas sensações agora que você já se conhece bem.

Se vivermos de maneira automática acabamos por deixar o sexo em segundo, terceiro ou quarto plano. Portanto, a atividade sexual deve merecer um tempo importante em nossa vida. Por vezes, na correria rotineira somos tomados por afazeres que consideramos prioritários, então, se queremos um bom sexo, devemos priorizá-lo. Promovendo um tempo para se envolver, esquecendo, por hora, os demais compromissos. E, para isso, disciplina é fundamental.

11

Lucilene Oliveira

Autoliderança e
empoderamento feminino

Lucilene Oliveira

Analista em Recursos Humanos – Unic Rondonópolis; pós-graduada em Consultoria Empresarial – UcamProminas. Personal Professional Coaching; Business e Executive Coaching; Career Coaching; Positive Coaching; Mentoring Coaching; Master Coaching; especializada em Desenvolvimento de Lideranças e desenvolvimento de empresas (todas essas formações pela Sociedade Brasileira de Coaching – SBC).

Analista Comportamental – Ólami.

Coautora do livro "Liberte Seu Poder 360º", Editora Leader.

Criadora da Escola de Líderes, um produto *in company* que já foi ministrado em dezenas de empresas e, atualmente, é a Escola de Líderes 2.0.Escritora, palestrante.
Sócia co-fundadora do Instituto Lú Oliveira.

Recentemente participou de uma atualização com Anthonny Robins, que hoje é considerado o maior *coach* do mundo.

Consultora em Recursos Humanos, hoje atendendo grande parte do Estado.

lucilene_rh@hotmail.com
(66) 99672-3347

Acredito que não seja segredo para ninguém o quão acelerada está a vida moderna. Mas você já notou como este contexto pode nos deixar propensos a tomar decisões em uma espécie de piloto automático? Basta refletir um pouco sobre sua rotina. Boa parte de nossas atividades diárias são feitas inconscientemente, seja pela falta de tempo ou pelo hábito em si. E não há problema algum em seguir o mesmo roteiro todos os dias, contanto que ele seja voltado apenas a questões básicas, como tomar banho e vestir-se para o trabalho, por exemplo. O lado preocupante desse cenário é quando deixamos o subconsciente tomar decisões realmente importantes, aquelas que demandam certo planejamento.

É comum que o ser humano nem sempre esteja atento ao fato de que sua felicidade está diretamente ligada à maneira que age diante das questões diárias, por isso é tão importante redobrar a atenção quando o assunto em pauta é a tomada de decisões. Mas, para tomar as rédeas de uma situação, seja ela qual for, é necessário assumir a liderança sobre si mesmo. A capacidade de dominar as próprias ações e vontades é, sem dúvida, uma das principais características para se obter sucesso naquilo que almeja.

Mas, como desenvolver a autoliderança, afinal? Embora existam incontáveis influências externas, a decisão sobre o nosso destino está exclusivamente em nossas mãos, já que cada indivíduo possui autonomia para realizar aquilo que considera o melhor para si. Para que uma pessoa desenvolva o domínio sobre suas ações, de modo a sair do piloto automático e tomar decisões realmente efetivas, há duas questões que precisam ser trabalhadas: autoconhecimento e empoderamento.

Os termos acima ganharam uma notoriedade considerável nos últimos anos e, ainda que sua importância não esteja necessariamente atrelada a um gênero específico, o público feminino tem se mostrado cada vez mais interessado no assunto. A razão por trás desse interesse é bastante ampla, mas de fácil compreensão.

Expliquei há pouco sobre a autonomia que cada indivíduo possui sobre suas escolhas, mas sabemos que a realidade das mulheres nem sempre funciona dessa maneira. Vivemos em uma sociedade patriarcal, em que a figura feminina, por muitas vezes, é vista com inferioridade aos olhos dos homens no que se diz respeito a questões profissionais, físicas e emocionais.

Ciente dessa questão, eu lhe pergunto: "De que forma uma mulher irá desenvolver o domínio sobre suas ações se a sociedade nem sempre lhe concede esse direito?" É por isso que o empoderamento feminino ganhou tanta força nos últimos anos, e o autoconhecimento é o principal aliado nessa luta. Entenda melhor a seguir.

Desenvolvendo o autoconhecimento

Ainda que o mundo tenha evoluído consideravelmente, muitos são programados para viver em uma sociedade machista. E é comum que, diante desse contexto, algumas mulheres acabem perdendo parte de sua essência. Elas deixam de acreditar em sua capacidade e chegam a desistir daquilo que realmente almejam, justamente pelas influências externas que insistem em diminuí-las.

Você já notou como, desde a infância, as mulheres são ensinadas a agradar "os outros" ao invés de si mesmas? O enredo costuma ser o mesmo, o que difere nesse cenário são os personagens: elas deixam de agradar os pais e passam a agradar o companheiro. Mas calma lá, e seus desejos pessoais? O molde imposto ao universo feminino afasta as mulheres de seus propósitos de vida, e, quando não há clareza sobre as próprias vontades, elas se tornam ainda mais propensas a agir no piloto automático.

É aí que entra o autoconhecimento. Essa poderosa ferramenta atua na compreensão profunda sobre as questões pessoais que envolvem cada indivíduo. Quando uma mulher embarca no processo de conhecer a si mesma, ela se torna capaz de bloquear aquilo que lhe é imposto e passa a valorizar sua voz interior. E, como disse o monge Dalai Lama: *"O maior juiz de seus atos deve ser você mesmo e não a sociedade"*.

A percepção que uma pessoa possui sobre si é essencial para guiar suas decisões de maneira assertiva. Em contrapartida, a ausência desse conhecimento tende a distanciá-la de sua realização pessoal. Então, que tal despertar o potencial que existe dentro de você e assumir a liderança de sua vida?

Reserve um espaço em sua agenda para questionar-se acerca de suas características pessoais. O que a faz feliz? O que a motiva a levantar da cama todos os dias? O que você gosta de fazer? Quais seus objetivos em curto e longo prazo? Quais seus maiores sonhos? Quais suas principais qualidades? O que lhe causa angústia? Como as pessoas ao seu redor a definem? Quais características você gostaria de melhorar? Do que você se arrepende? São essas, entre tantas outras questões, que irão direcioná-la à realização pessoal.

Há outro conceito bastante utilizado para reforçar o domínio sobre nossas ações e lidar de maneira mais assertiva com as situações diárias, conhecido como "O Círculo Dourado". Trata-se de um exercício aparentemente simples, mas triunfal, que consiste em inverter a sequência de nossas ações. Antes de tomar qualquer decisão, pergunte a si mesmo: "por que eu faço?" Depois: "como faço?" E só então: "o que eu faço?" Desse modo é possível sair do piloto automático e agir com mais coerência.

O poder das crenças

"Quando realmente acreditamos em algo, nos comportamos de maneira congruente com essa crença. Se as crenças não trazem bons resultados, é necessário mudá-las." (Robert Dilts)

Todos nós passamos por diferentes situações ao longo da vida, e cada uma dessas experiências transforma-se em aprendizado, seja ele positivo ou não. As crenças são, justamente, o resultado dessas experiências. Mas você sabia que elas podem influenciar diretamente em nosso desempenho pessoal e profissional?

Há uma linha específica de pensamento que costuma atuar de maneira prejudicial, conhecida como crença limitante. Ela é retratada em interpretações, geralmente incoerentes, que uma pessoa toma para si como verdadeiras e que a impedem de tornar-se melhor. Essa questão está diretamente ligada ao empoderamento feminino e requer uma atenção especial quanto ao domínio de nossas ações.

Boa parte das crenças limitantes que uma mulher leva consigo são heranças da própria sociedade. Conforme expliquei anteriormente, há um tabu muito grande quanto à realização pessoal feminina, que é ensinada a colocar-se em segundo plano desde os primórdios. É extremamente comum nos depararmos com casos de mães que deixam de seguir uma carreira profissional para dedicar-se à família, por exemplo. Não quero entrar no mérito se este argumento é ou não correto, o que devemos levar em consideração é se este desejo realmente pertence à mulher, ou se é apenas um pensamento perpetuado por uma crença limitante.

O divisor de águas dessa questão, assim como em qualquer outra pauta relacionada ao universo feminino, é o autoconhecimento. É necessário substituir o pensamento "O que os outros pensarão de mim?" por "O que eu quero para mim?" Apenas por meio dessa linha de raciocínio é que se torna possível desapegar-se de crenças limitantes e caminhar em direção de sua realização pessoal.

Uma mulher torna-se empoderada no momento em que passa a conhecer e valorizar sua essência, de modo a tomar decisões que estejam alinhadas com o seu propósito de vida, e não ao propósito que a sociedade tenta enfiar nela goela abaixo.

Para ajudá-la ainda mais nessa transformação pessoal, o autoconhecimento permite a substituição das crenças limitantes por crenças fortalecedoras. Como o nome sugere, elas consistem em cultivar pensamentos que fortalecem nossas características positivas e nos aproximem daquilo que realmente almejamos. É como disse o escritor americano Norman Vincent Peale: *"Mude seus pensamentos e você mudará seu mundo"*.

O desenvolvimento de crenças fortalecedoras pode aumentar a autoestima da mulher e mantê-la motivada a progredir diariamente em direção ao seu objetivo. Sabe aqueles pensamentos de culpa e insegurança tão presentes no universo feminino? Ou aquela voz interna que insiste em dizer que você não é boa o suficiente? Está na hora de substituí-los por atitudes e pensamentos positivos, como os a seguir:

- Ame-se primeiramente, só dessa maneira é possível obter o melhor de si;
- Lembre-se que você é capaz de realizar o que deseja, mesmo que o mundo à sua volta lhe diga o contrário;
- Mantenha o foco naquilo que há de melhor na vida. Até mesmo os obstáculos repercutem em resultados positivos no futuro;
- Potencialize seus pontos positivos e trabalhe pela melhoria dos negativos;
- Acredite em sua capacidade de dar a volta por cima;
- Cuide de sua inteligência emocional;
- Ressignifique-se: dê um novo significado à sua vida, nunca é tarde demais para isso;
- Pratique o autoperdão, ninguém é perfeito.

Por fim, lembre-se de que a chave para libertar-se de qualquer estereótipo está dentro de você. Quando se sabe quem você é, e aonde quer chegar, se torna possível tomar decisões realmente efetivas e alinhadas com seu propósito de vida. Não deixe que os pensamentos arcaicos da sociedade limitem a infinita beleza que você, mulher, carrega dentro de si. Empoderar-se é justamente isso, ter conhecimento sobre suas qualidades e domínio para agir de acordo com o que considerar melhor para você.

Seja a mulher dos seus próprios sonhos, e não do sonho dos outros!

12

**Mayra Dias de Andrade Soares
e Roberta Apolinário**

A importância de conhecer
o seu propósito
e reconhecer o seu poder

Mayra Dias de Andrade Soares

Atua na área de gestão e desenvolvimento de pessoas há 11 anos. Pós-graduada em Docência no Ensino Superior – Faculdade São Luís; **pós**-graduanda em Essential Master Coaching – IPOG, e Gestão de Recursos Humanos - Centro Universitário Barão de Mauá.

Com formações em Mentoring pela Erlich Consultoria, Master Coach, Business & Executive Coaching, Personal & Self Coaching pelo IBC com certificações internacionais: ECA, GCC e ICI; Consultora e Analista Comportamental e Avaliações 360º pelo IBC; treinadora Comportamental pelo IFT; Leader Coach pela Ellite Consultoria & Treinamentos e Practitioner em Programação Neurolinguística pela SCORE. Coautora nos livros: "Coaching nas Empresas: Estratégias de coaching para o ambiente corporativo", pela Editora IBC; "RH - Aprendizado e Trabalho", pela Editora Legis Summa, e colunista na Cloud Coaching.

Roberta Apolinário

Empreendedora, *professional coach*.

Especialidade Coach:

Personal Coaching, Career Coaching, Coaching Groups, Coaching de Desempenho, Coaching para Líderes, Coaching de Legado, Coaching de Alvo Comportamental. Personal & Self Coaching; Analista Comportamental e Avaliação 360º graus.

Formada com certificações internacionais: ECA (European Coaching Association), GCC (Global Coaching Community) e ICI (International Association of Coaching Institute). ADM com ênfase Processos Gerenciais, pós-graduanda em Essencial Master Coaching, Gestão de Comércio Exterior e Gestão de Pessoas.

Coautora dos livros "O dia a dia do empreendedor" e "Mulheres antes e depois dos 50", ambos da Editora Leader.

Há um ditado bastante conhecido no universo feminino que diz que nós, mulheres, somos metade da humanidade e mães da outra metade. Poético? Exagerado? Seja qual for sua opinião a respeito, não podemos negar a legitimidade dessa informação. As mulheres atingiram a estatística de 51,5% da população brasileira atual, e em meio a toda beleza, dificuldades e imperfeições que a figura feminina compreende, somos cada vez mais protagonistas de nossos destinos.

Empoderar mulheres e estimular a igualdade de gênero nas atividades sociais e econômicas são garantias de uma melhoria significativa em nossa qualidade de vida. O debate sobre esse assunto tornou-se recorrente e, além de sermos gratas por esse cenário, devemos incentivá-lo cada vez mais em nossos círculos sociais. Mas você já se questionou sobre a proporção em que essa questão é tratada na teoria, e no quanto ela é efetivamente inserida e responsável por promover transformações na vida das mulheres?

Realizamos uma pesquisa com base nesse contexto e solicitamos a um grupo de 120 mulheres, contendo os mais variados tipos de faixa etária, nível de escolaridade e ocupação, que respondessem dez questões sobre autoconhecimento e propósito de vida. Nas questões voltadas ao autoconhecimento, todas conseguiram responder de forma direta sobre si mesmas. Na questão de propósito de vida, os dados já mostram uma situação mais pulverizada e mesmo assim positiva: quatro mulheres (2%) responderam que não conhecem seu propósito de vida, 33 (27%) mulheres responderam que conhecem mais ou menos e 83 (71%) disseram que conhecem seu propósito.

As informações obtidas com a pesquisa nos permitiram considerar a reflexão de que a maioria das mulheres conhece o seu propósito e tem clareza de quem é, o que permite pensar que compreender de forma mais abrangente suas forças e enfraquecer os pontos limitantes seja um ponto de alavancagem para realizar os seus objetivos de vida.

Quando se aborda a importância do propósito de vida, especificamente no caso das mulheres, é possível compreender que o sucesso desse projeto depende do alinhamento de diversos pilares, sejam eles espirituais, pessoais ou profissionais. É essencial encontrar o equilíbrio dessas questões para que as metas sejam estabelecidas e trabalhadas de maneira efetiva.

O ser humano em geral está em constante evolução e, principalmente na sociedade atual em que somos bombardeados diariamente pelas mais variadas informações, é comum que surjam incontáveis dúvidas sobre o melhor caminho para alcançar a tão sonhada plenitude.

Será que arrisco uma transição de carreira? Devo voltar a estudar? Este relacionamento é saudável? De que maneira essa escolha irá afetar minha família? Essas são algumas das dúvidas frequentes que costumam assombrar boa parte das mulheres nos momentos de decisão, por isso é tão importante entender seu propósito de vida e definir estratégias para alcançá-lo.

É como disse William Shakespeare certa vez: *"Todas as graças da mente e do coração se escapam quando o propósito não é firme"*. Mas não há razões para preocupar-se, amiga leitora. Nunca é tarde para compreender verdadeiramente sua essência e seguir novos caminhos que a levem ao seu propósito de vida, acompanhe as dicas a seguir.

Como conhecer minha verdadeira essência?

Ainda que a tendência de que a nova geração seja educada com valores de acordo com a sociedade atual, é comum que desde cedo as mulheres sejam ensinadas a agradarem aos outros, e não a si mesmas.

Quando crianças, devemos nos moldar de uma forma que agrade os pais e familiares em geral, fator que muitas vezes não faz parte da criação dos meninos. Os anos vão passando, e com eles aprendemos que é necessário conquistar um garoto que nos atraia. Ao ceder à pressão da sociedade, iniciamos um relacionamento (muitas vezes abusivo) e somos ensinadas a agir de acordo com aquilo que o companheiro julga como correto.

Mas, calma lá, e os nossos desejos pessoais? Onde estão? Será que ficaram perdidos no meio do caminho? Mesmo que essa questão seja muitas vezes algo inconsciente, as mulheres ficaram tão acostumadas a seguir um molde imposto pela sociedade que sentem enorme dificuldade em identificar aquilo que realmente desejam para sua vida.

Quando não sabemos com clareza o que almejamos para nossa realização pessoal, estamos propensas a agir em uma espécie de piloto automático, e assumir esse comportamento significa afastar-se cada vez mais do estado de plenitude.

O pontapé inicial para fugir desse cenário é investir no autoconhecimento, uma das poderosas premissas do universo Coaching. Você saberia responder com segurança por que levanta da cama todos os dias? Quais são suas principais habilidades? Qual sua maior motivação? Conseguiria identificar o que costuma lhe causar angústia? E quais características gostaria de mudar? Essas, entre tantas outras questões, são fundamentais para compreender sua essência e, consequentemente, identificar seu propósito de vida.

A partir do momento que essas e outras indagações são respondidas, o nível da sua consciência e percepção se expandem, o que permite que identifique suas características naturais e tendências comportamentais. A soma desse conhecimento interior faz com que enxergue sua essência, que é a síntese do seu ser e base geradora de energia para realização, na qual é demonstrada por meio dos seus gestos e atitudes.

Talvez esteja pensando em como ter certeza sobre qual é sua essência, apesar de frisar que nunca teremos uma resposta fixa diante do questionamento, por não compreender toda a estrutura psíquica, pensar na frase a seguir pode ser um facilitador no processo de compreensão da frequência das palavras em negrito que são nossos instintos, que consolida e reforça sua essência.

*"Seus **pensamentos** geram emoções, as **emoções** se convertem em atitude, o conjunto de **atitudes** é o **resultado** que você tem."*

Alicerçada no autoconhecimento, confie que fará o seu melhor criando vínculos que fortalecerão suas conexões com o Universo e o engajamento com seus sonhos. Ao abrir as portas do seu interior, as portas externas se abrirão para você.

Da essência ao propósito de vida

O propósito de vida é a missão que desejamos cumprir de acordo com nossa identidade, crenças e valores. Apoiado nesse significado, fica menos complexo entender quais as razões de estarmos ou não motivados com algum projeto, pois está relacionado com nossa essência e o caminho e o impacto que definimos para nós e o ambiente em que vivemos.

Temos um padrão ou mau costume de agir pelo piloto automático e nesse processo de descoberta é aconselhado inverter a maneira como pensamos e agimos diante das situações, caso os resultados que você obtenha não sejam do seu anseio. Mulheres empoderadas e bem-sucedidas possuem uma característica aparentemente simples, mas triunfal, conhecida como o círculo dourado, que permite o alinhamento do propósito, como quero realizá-lo e o que deve ser feito para tal. O círculo funda-se nos questionamentos da seguinte forma: "Por que eu faço?", depois "Como faço?" e só então "O que eu faço?" Por meio dessa sequência é possível agir com coerência e estrategicamente com o intuito de corresponder com o que designamos como direção para a nossa vida.

Agora que tem um caminho para identificar sua essência e propósito de vida, é fundamental trabalhar a inteligência emocional para manter-se equilibrada e principalmente focada na prioridade. O modo como lidamos com as próprias emoções repercute em praticamente todos os aspectos da vida, e uma mulher inteligente emocionalmente, além de ser confiante, sabe trabalhar na gestão de suas metas de maneira flexível.

Mas lembre-se: este processo deve ser feito em seu tempo, com tranquilidade e sem a imposição de regras ou cobranças excessivas. Uma mulher empoderada é inteligente a ponto de colocar em prática apenas aquilo que considera o melhor para si e no momento que considera propício, pois ela é segura de cada uma de suas escolhas, afinal, sempre usaremos melhor os recursos que temos diante de uma circunstância.

Aplicação do Coaching para
MULHERES

Você é a grande responsável pelo seu destino

Tarsila do Amaral, Chiquinha Gonzaga, Zilda Arns, Anita Garibaldi, Joana d'Arc, Marie Curie, Florence Nightingale. Levaríamos horas para citar as tantas mulheres empoderadas que fizeram história no mundo. Mas você sabe o que todas essas mulheres têm em comum? Propósito de vida, força e dedicação para batalhar por ele. (Além de não se importarem com o que a sociedade achava delas.) O primeiro passo para a mudança está em sua mente, lembre-se de que seu destino está única e exclusivamente em suas mãos. Portanto, não deixe que os padrões de uma sociedade machista interfiram na infinita beleza de sua essência.

A empreendedora Mary Kay Ash, por exemplo, poderia ter deixado que uma atitude machista interferisse completamente no rumo de sua vida. Ela dedicou 25 anos de sua carreira profissional à empresa Stanley Home Products, que optou por promover em seu lugar um homem mais jovem, ao qual ela própria havia treinado. Cansada de atuar em um mercado machista, Mary Kay Ash deixou a empresa e dedicou-se a um livro para ajudar outras mulheres em situações similares. Mas no desenvolvimento do livro ela notou que havia montado um plano de negócios completo e, no auge de seus 45 anos, iniciou sua empresa, que a levou em direção a uma carreira bilionária.

Viu só? Uma mulher aparentemente "comum" acreditou em seu potencial e construiu, após os 40 anos de idade, um verdadeiro império no mercado dos cosméticos. Um conselho final para você, mulher empoderada, é definir aquilo que almeja para o seu futuro e lutar diariamente para isso. Você é livre e forte o suficiente para conquistar o melhor!

Sente-se empoderada para traçar o seu destino e viver os méritos das suas escolhas?

Fontes: https://www.todapolitica.com/populacao-do-brasil/
http://www.citador.pt/frases/todas-as-gracas-da-mente-e-do-coracao-se-escapam--william-shakespeare-5987

13

Natalia Locali

Como curar sua
beleza machucada
**e estar pronta para ser um
sucesso em todas as áreas
da sua vida!**

Natalia Locali

Coach de Beleza e Bem-Estar.

Graduada em Direito pela Univem (Centro Universitário Eurípides de Marília). Formada em Coaching Integral Sistêmico pela Febracis (Federação Brasileira de Coaching Integral Sistêmico). Especializada em Gestão da Emoção. Palestrante. Atua há oito anos no mercado da beleza com Visagismo, Micropigmentação e Produção de Noivas, como CEO do Maison Locali – Clínica de Beleza e Bem-estar. Há dois anos tem se dedicado à missão de ajudar mulheres a reencontrarem sua beleza real, através de Coaching Integral Sistêmico, palestras e consultorias especializadas em autoestima.

O que você sente ao se olhar no espelho?

Talvez a primeira pergunta deveria ser: "Você CONSEGUE se olhar no espelho de maneira profunda?"

Neste momento, pare e reflita sobre essas questões.

Talvez você responda que não. Talvez você responda que até consegue, mas sente muita vontade de chorar. Talvez você responda que, quando se olha no espelho, sente vontade de destruir esse espelho.

Ou, pode ser que você responda que consegue se olhar profundamente e ama muito o que vê, e se sentir vontade de chorar é de alegria e gratidão. Se você é esta, então, talvez não se sinta acolhida por este capítulo, mas pode ler e usá-lo para ajudar outras pessoas que não pensam ou sentem como você.

Agora, se você é mulher e faz parte da turma que não se encara ou sente muita dor ao se ver, então este capítulo é inteiramente dedicado a você, com muito amor!

Quando falamos em "AUTOESTIMA", o que vem de imediato à nossa mente é a palavra IMAGEM. E, quando vemos uma imagem, nossa mente traduz essa imagem em palavras.

Temos a falsa mania de achar que autoestima está diretamente ligada à imagem externa, física que temos. Quando, na verdade, ela está intimamente ligada ao nosso eu, ao nosso interior.

Aquela frase que parece clichê e até utópica, "a beleza vem de dentro", é a mais pura realidade, e é muito importante, para iniciar sua reflexão sobre sua autoestima e como usá-la a seu favor, você entender e aceitar isso.

É importante compreender que tudo o que você carrega dentro de si é formado por situações que viveu, palavras que ouviu, educação que recebeu, coisas que leu, assistiu, presenciou etc.

Assim, quando você se vê, seja em um espelho, seja, simplesmente, parando por um tempo e olhando para dentro de si, você enxerga uma imagem junto com milhares de mensagens, palavras.

Aqui cabe uma nova pergunta: "Quais palavras definem a imagem que você tem de si?"

Durante muitos anos na minha vida, talvez em 80% da minha história, as palavras que definiam o que eu via de mim mesma eram palavras negativas, algumas até cruéis: feia, gorda, pequena, incapaz, pobre (no pior sentido da palavra), romântica (para mim era um defeito absurdo), burra, chata, dentre muitas outras. O que eu descobri e que me ajudou muito no processo do que eu chamo de "cura da beleza" é que tudo o que eu via em mim era fruto de coisas que não eram minhas. Ou seja, eu fui tão ferida, na maioria das vezes por pessoas que eu mais amava, e, provavelmente sem elas mesmas perceberem o tamanho do estrago que estavam fazendo em mim, que minha mente criou várias crenças limitantes que acabaram direcionando toda a minha vida de uma maneira triste.

Talvez, neste momento, você esteja se vendo em mim. Quais palavras a têm definido?

É claro que eu via minhas qualidades também, mas os defeitos sempre se sobressaíram, devido a essa inferioridade que eu sentia.

Quando eu descobri o Coaching, adquiri conhecimentos de Inteligência Emocional e me abri de coração e alma para me transformar, tudo mudou! E é isso que eu quero que aconteça com você. Quero que você veja como é simples e possível sair do lugar fundo em que se encontra e voltar a sua essência, ao que Deus te fez pra ser!

Pra começar bem, e sem perigo de desanimar, é importante você aceitar que é uma filha amada de Deus, e que Ele a fez única e insubstituível, e que não estaria aqui se Deus não tivesse um excelente propósito pra você. Digo aceitar, porque as vontades de Deus muitas vezes o humano não é capaz de entender. Aceitar ter Deus como base do seu caminho e decidir esperar n'Ele é FÉ, e é essa fé o início da sua lapidação.

Quando você nasceu, nasceu linda, com um coração cheio de amor e bondade, não via defeitos de ninguém, abraçava o rico e o pobre, o magro e o gordo, o feio e o belo, o sujo e o limpo, o romântico e o frio, o velho e o jovem... você não enxergava o que as pessoas tinham ou faziam, mas quem elas eram! Essa é a sua essência! Percebe a semelhança com Jesus? Aquele que não menosprezava ninguém, aquele que amava a todos, aquele que não julgava, não era interesseiro, tratava todos igualmente. Você nasceu assim também, sabia? Percebe quão bonita você é? Digo "é" (verbo ser no presente) porque a essência está dentro da gente, não some nem se acaba nunca, no máximo fica bem escondida, até que você decida resgatá-la.

Então, agora, já temos o início lindo do seu resgate: sua fé e sua essência!

Ótimo! Talvez você esteja se questionando agora: "Mas e todas aquelas palavras feias que penso quando olho pra mim? Como apagá-las?"

Calma! Você vai perceber que, a partir do momento em que você DECIDIR se resgatar, e exercitar sua FÉ, sua ESSÊNCIA vai voltando, e quando perceber, as palavras feias vão dando lugar a palavras lindas, palavras de amor, palavras de gratidão, palavras de sucesso, palavras de prosperidade, palavras de capacidade...

É essencial, neste momento, que você entenda que, por mais feridas que você tenha, e que, em muitos casos, são extremamente graves, a partir do momento em que você DECIDE pela FÉ e ESSÊNCIA, você tem plena capacidade de conseguir ir além do que imagina.

Entretanto, essa decisão não é algo que você faz uma vez e depois espera colher os resultados o resto da vida. Ela deve ser diária.

Tudo tem um preço, em algumas coisas o preço é muito maior que o financeiro. Aliás, você já deve ter percebido que as coisas mais valiosas da vida têm um preço que dinheiro nenhum no mundo consegue pagar, não é?

Aqui, então, cabe mais uma reflexão: quanto vale você se sentir bela, por dentro e por fora, ter prosperidade em todas as áreas da sua vida, ser o que Deus te fez pra ser ao lado das pessoas que você mais ama, e conseguindo amar o próximo que não é próximo de você, proporcionando, assim, alegria sem fim a Deus, o seu Criador?

Intenso não é?

E se eu lhe disser que o valor disso todos podem pagar, se quiserem?

O preço é o esforço, é a coragem, é a fé, é a força, e o amor, que todos têm dentro de si, inclusive você. Às vezes, essas "moedas valiosas" podem estar em um lugar muito escondido aí dentro, mas elas estão aí, com certeza. Elas são herança do Senhor, todos nascem com elas.

Mas Deus lhe dá o livre arbítrio de usar o que você escolher!

Talvez, as situações as quais você tenha passado, as decepções que você já teve com pessoas que amava, a sociedade em que vive, podem ter feito com que você se perdesse dentro de si. E apagar tudo o que viveu é impossível. Mas aí entra mais um "passo" pra você se apoiar: reconhecer os APRENDIZADOS de cada momento ruim pelo qual passou ou cada mal resultado que teve.

Quando focamos no APRENDIZADO, até o acontecimento mais trágico pode ser aceito e até entendido, e se transformar em bênção lá na frente. É aquela história de que "tudo tem um propósito", sabe? E, quando você consegue fazer isso, sua vida fica muito mais leve e fácil. Mas como fazer isso?

Para conseguir tirar o aprendizado de algo, a princípio, ruim, você precisa encarar, sentir a dor, e pensar em tudo o que ganhou com essa situação. Sim, eu disse "ganho", porque tudo tem um ganho e uma perda, é importante você enxergar os ganhos. Eles são os aprendizados que você adquiriu. Darei um exemplo para você vislumbrar melhor: (ACONTECIMENTO RUIM/TRÁGICO) Há dois anos minha avó, a qual eu amo demais, faleceu de uma doença terrível, sofreu muito, causando também sofrimento em toda a família. (DOR) Sentia-me muito impotente por não conseguir fazer nada que aliviasse sua dor, nem a dor da minha mãe ao ver minha avó naquele estado; quando ela se foi senti meu coração dilacerado, chorei muito, doeu muito. (PERDA) O convívio físico com minha avó. (APRENDIZADO/GANHO) Após seu falecimento e o meu momento de luto (necessário para colocar a dor para fora) eu refleti sobre todo o período em que ela ficou muito doente, e percebi que tanto ela quanto eu tivemos vários ganhos: conversamos muito sobre perdão, o que a ajudou a perdoar muitas pessoas que a magoaram; ela tinha muito medo de morrer, e através das nossas conversas e proximidade (até por causa da doença) começamos a orar mais e em família, ela viu seus filhos unidos e reunidos a sua volta, e alguns dias antes do falecimento, ela sem conseguir falar, ao ouvir uma neta perguntar "vó, a senhora está feliz?" Ela sorriu e respondeu que sim com a cabeça, e foi em paz; minha fé aumentou muito nesse período; passei a aceitar melhor a perda de quem amamos, devido à certeza que eu tinha na presença de Deus na nossa vida, observada com mais intensidade naqueles momentos; aprendi a ser muito mais grata... dentre outros inúmeros ganhos! *Ops,* acabo de descobrir mais um ganho: minha capacidade de ser mais grata a cada vez que conto este testemunho!

O próximo passo, e tão importante quanto os outros, mas que causa um impacto ímpar na vida, é a GRATIDÃO! Acordar e proferir motivos de gratidão transforma imediatamente sua vida, e é uma das maneiras mais lindas de enxergar nossa essência, na medida em que vamos reconhecendo tudo o que Deus nos deu.

Na minha experiência, conforme tenho narrado pra você no decorrer deste capítulo, acredito que essa RESILIÊNCIA junto com minha FÉ foram os maiores "remédios" para o que chamei de "cura da beleza".

Por último, algo que você talvez até saiba, mas pode ser que tenha agido como eu agia, "tapando o sol com a peneira", fingindo não ver...

Para arrematar todo esse processo de resgate da sua autoestima, vem o PERDÃO e o AMOR! E aí estão mais duas decisões a tomar: a decisão de perdoar e a decisão de amar. É isso mesmo, decisão! Não tente mascarar isso, dizendo a si mesma "eu tento amar, mas não consigo", "eu tento perdoar, mas não consigo sentir". Amiga, nos enganamos, talvez até inconscientemente como mecanismo de defesa, achando que AMOR e PERDÃO são sentimentos, e ficamos esperando sentir isso por alguém.

Assim, nunca conseguiremos ser livres, e nunca conseguiremos cumprir o que Deus manda e dar alegria a Ele. Todos os dias devemos decidir amar e perdoar alguém, o próximo. É desafiador sim! Para o humano é! Na verdade o desafiador é sentir, mas a boa notícia é que Deus quer que façamos e não que sintamos. É um pouco complexo de entender pra quem ainda não está tão acostumado a estudar essas questões, mas o importante é você entender que sua DECISÃO de AMAR e PERDOAR o próximo vai te fazer voltar a sua essência e sentir inúmeros sentimentos maravilhosos! Isso, consequentemente, a fortalecerá e deixará sua vida muito mais leve.

FÉ, ESSÊNCIA, DECISÃO, APRENDIZADO, GRATIDÃO, AMOR E PERDÃO!

Pronto! Os remédios mais valiosos, que todos podem "pagar", e que juntos formam um arsenal de armas do bem, para que você vença a guerra contra sua baixa autoestima, e cure a sua beleza que anda tão machucada!

Quer um pontinho a mais de presente? Você é mulher! Só esse fato já a faz o ser mais belo que Deus já criou! Não pelo que você tem, ou pelo seu tipo físico, ou pela roupa que você usa, mas porque você é originalmente forte e amável, inteligente e capaz! Você é mãe, você é intensa, você é fortaleza e autoridade para seus filhos, você tem a nobreza no coração, você tem a capacidade para ser estabilidade para os homens, você tem a força para proteger, e a inteligência para vencer! Não há nada mais nobre que a mulher! Você ser uma é um presente que Deus já lhe deu quando a criou. O que você acha de agradecê-lo sendo o melhor que Ele a fez pra ser?!

Espero ter ajudado você a retomar o caminho de volta à sua essência, e a recomeçar seu caminho para o sucesso e abundância na sua vida!

Sucesso!

14

Vania Cris

Gratidão –
É possível ser grata e receber asas de águia

Vania Cris

Técnica em Contabilidade, atuou no mercado por dez anos. Após sua formação em Coaching Comportamental e Evolutivo pelo Instituto Edson de Paula, descobriu sua verdadeira missão de vida: ajudar as pessoas a unirem sua história de vida à ressignificação de sua essência, tornando-as a melhor versão delas mesmas. Devido a sua bagagem adquirida em Contabilidade, atua como Departamento Pessoal e Recursos Humanos numa empresa pernambucana, que termina sendo sua paixão, bem como atua como terapeuta EFT, ministra palestras e treinamentos voltados para o motivacional.

(81) 99673-4264 / 99274-2311
vaniacoacheft@gmail.com
Canal YouTube: Ressignificar Coaching, Treinamentos e Palestras
Facebook: Insights Coach
Instagram: @coachingressignificar

Águias sempre me atraíram. Desde menina. E seria uma tendência as águias tomarem forma e espaço em meu ser. Ainda mais depois de grandes turbulências enfrentadas e uma que me chocou a alma, mexeu com todas as minhas perspectivas, estruturas, me fazendo ir ao chão. Diante dessa grande tristeza e desilusão, a sensação que eu tinha era que possuía uma casa construída, mobiliada, onde eu sabia exatamente onde estavam os móveis, os utensílios e um trator havia passado por cima, demolindo tudo, não sobrando nada da minha história em pé. Fui ao famoso e velho fundo do poço. Uma vez na vida, acredita-se que o ser humano visite esse lugar.

Afoguei-me em lágrimas. Fiz algumas sessões de Coaching, achei muito envolvente, pois os questionamentos reviravam o meu ser, que se via em meio a entulhos de uma vida inteira que até então era "programada" para a estabilidade, o que hoje vejo como zona de conforto. Diante da minha dor, fiz minha formação, mas meus olhos ainda se encontravam sem brilho, crente no processo, mas me rotulando despreparada para me envolver em um processo meu com alguém, dado o mergulho em minha dor, em minha tristeza, em minha desilusão.

Depois da minha formação, comecei a desenvolver as técnicas e ferramentas absorvidas na empresa onde trabalhava, aqui em Pernambuco, isso momentaneamente me fazia bem, uma vez que, na formação, descobri minha missão de vida. Contabilidade, que era minha função de mais de dez anos, não fazia mais sentido para mim depois disso, sendo meus treinamentos minha válvula de escape. Novamente, a figura da águia me veio à mente para que eu pudesse me inspirar. Eu sempre a usava como âncora diante das pessoas as quais eu treinava, e esquecia minha dor. Mas, ao encerrar, meu vazio voltava, a dor doía mais forte e não havia consolo ou palavra que me acalentasse ou me fizesse me sentir melhor. A situação era muito sórdida, com requintes de aparente "crueldade", pelo menos do meu ponto de vista e do das pessoas que me amavam, minha mãe e irmãs, e, mais ainda, eu mesma enxergava dessa forma, uma vez que, ao conhecer meu perfil comportamental como sendo apoiadora, isso me dilacerava o coração, já que os apoiadores possuem em sua essência um altruísmo e um amor que parece não caber no peito. Para esse perfil, tudo magoa, tudo soa ingratidão, tudo é dor.

Diante da situação, por mais que a pessoa envolvida dissesse: "Seja mais você", eu me via sem rumo, sem condições de entender como ser mais eu se a sordidez em que estava envolvida parecia ser maior. Talvez, seguir a "boiada", jogando tudo para o alto, de alguma forma fosse amenizar minha dor e "curá-la". Contudo, minhas crenças limitantes, que é tudo que você absorve da educação que recebe, dos livros que lê, da escola que frequenta, das pessoas com as quais convive, me estagnavam. Eu não queria me desfazer da suposta "origem da minha dor", mas, provar para mim e para todos que era possível uma reviravolta, um "milagre", porém, ao passo que eu acreditava ser possível essa transformação, eu ficava paralisada.

Minha vontade era sumir, não dar mais notícias a ninguém, deixar que os "vencedores" pudessem comemorar livres de mim. Minha mãe, mulher de fé, como toda mãe, que não quer ver um(a) filho(a) sofrer, nunca deixou de rezar por mim e ainda reza. Isso mentalmente era meu consolo. Sempre fui envolvida em movimentos da igreja, sou católica, mas, no auge da dor, eu não ia sequer à missa, era tudo angústia, dor e nada me trazia consolo.

Muitas vezes, cheguei a perguntar a Deus o que eu tinha feito para receber ingratidão tão desmedida e declarada. Sempre fui o projeto de pessoa que deveria ser: boa filha, boa irmã, boa amiga, boa colega de trabalho, boa esposa, boa vizinha, enfim "boa"... Certo dia, em minhas orações – sim, nunca deixei de rezar, pois a oração é um estimulante cerebral eficaz, independentemente de seu credo -, perguntei a Deus: "Por que justo eu, que me via tão frágil, tão correta em tudo que acreditava, tinha que passar por aquilo?" E eis que um *insight* me veio, tenho certeza que de meu inconsciente, com estas palavras: "Substitua o porquê pelo para quê! Faz sentido?" Acredito que a formação entrou em minhas veias de forma que após esse estalo não fui mais a mesma. Fiz imediatamente a pergunta reformulada a Deus: "**Para que** eu tinha de passar por aquilo?"

Foi aí que a mudança se iniciou. Eu comecei a perguntar a mesma coisa várias vezes ao dia, a imagem da águia sempre em minha mente, a frase que eu dizia às pessoas que treinava: "Somos águias, devemos voar como águias e não como pardais". Certa vez ouvi na sessão de Coaching que fiz que eu precisava ressignificar minha dor. E como gosto de ler, comecei a buscar de todas as fontes, pois a minha vontade de criar molas nas pernas espirituais e emocionais para sair do fundo do poço onde me encontrava era enorme. Busquei na Bíblia, e em inúmeras literaturas e palestras algo que me tocou: a Gratidão.

A Gratidão é uma peça-chave, fundamental para que nosso cérebro se reprograme. E se trata de um processo muito simples: deixamos de focar nos problemas para contemplar todos os presentes que a vida nos oferece a cada dia. Repetirei quantas vezes forem necessárias, que para exercitarmos a Gratidão genuína não precisa acontecer, do nosso ponto de vista, algo extraordinário ou surreal para demonstrar gratidão, para vibrar em gratidão. Agradeça por respirar, se está com algum incômodo na saúde, agradeça pela(s) parte(s) do corpo que estiver(em) sã(s), agradeça pela sua casa, que lhe protege do sol, da chuva e lhe ampara contra ameaças externas. Agradeça pela chuva que molha a terra e traz fecundidade, ou pelo sol que nutre seu corpo, bem como ilumina, aquece, seca roupas no varal.

Agradeça por sair e chegar em paz, por uma música que ouviu no rádio, pela condução que a conduziu ao seu destino, agradeça aos seus antepassados, pela vida que lhe foi passada adiante, se tiver filhos, agradeça por eles, não importa quais circunstâncias esteja vivendo. Agradeça pelo seu(sua) parceiro(a), mesmo que de seu ponto de vista ele(a) pareça difícil, intratável, "complicado(a)", agradeça pelo emprego que tem, se o tiver, desconsiderando os obstáculos que venha a ter e, se não tiver o emprego, agradeça pelo que Deus, o Universo ou no que quer que você creia está preparando. Agradeça seus órgãos, suas células, suas veias e artérias, pela sua pele, visão, respiração, excreção, pelo ar que respira, por um conselho recebido, por um sorriso que um desconhecido disparou, por um elogio sem se sentir na obrigação de devolver. Agradeça pelo momento presente, pelo aqui agora. Passado e futuro para Deus, o Universo ou quem você prefira não existem. São regras cronológicas e matemáticas que nós seres humanos criamos para nos disciplinarmos, mas que não existem. Portanto, viva o momento que, pelo próprio nome já diz, é presente, dádiva.

Agradeça pelo dom de se perdoar, e se não o fez por algum motivo, pratique, perdoe-se! Muitas vezes, perdoar o outro soa até um pouco mais fácil que se perdoar. Dê-se essa chance, pratique diariamente e, ao conseguir, agradeça! Orgulhe-se disso! Acha difícil perdoar alguém? Exercite! Entenda que tudo que vai volta somente a você. Não perdoar o outro, o que o outro fez a você imaginando que ele(a) não vá seguir com sua vida, só a faz cair no abismo da ansiedade, amargura e tristeza. Por não conseguirmos emitir o perdão, muitas vezes nos perguntamos sempre "por que" ele(a) fez isso, esquecendo que a pergunta deve ser sempre mudada de "por que" para "para que" ele(a) fez isso? Que lições positivas essa pessoa lhe ensinou com essa postura? Não digo que fazendo isso apenas uma vez você rapidamente encontrará resposta e emitirá perdão, mas praticando todos os dias a mesma pergunta, de dentro de você, de seu subconsciente ou inconsciente, como queira chamar, a resposta virá.

Liberte-se de tudo que a atrasa, que lhe tira o riso. A gratidão nesse sentido também pode te ajudar muito. Quer testar? Compre um caderno, aquele que tenha a capa com a qual você mais se identifica. Ou, se dispuser de dotes artísticos, decore-o de uma forma que tenha a sua cara, sua identidade. Todos os dias, escreva a data e enumere pelo menos dez coisas pelas quais você sente gratidão. Isso mesmo, dez coisas pelas quais você é grata. Quando estamos muito tristes, experiência própria, nossa mente não enxerga dez coisas para se sentir grata, é uma tortura até. Dá vontade de desistir: "Não deveria fazer isso, o dia hoje foi péssimo, onde encontrarei dez coisas para agradecer?" Mas se você busca mudança, uma nova vida, ressignificar sua história, você vai parar, pensar em seu dia inteiro, tirando os incidentes, tristezas, decepções, problemas e vai explorar o seu dia. Como se fosse um exame de consciência, pois certamente, como nomeei acima, muitas coisas minúsculas aconteceram naquele dia e são motivos, sim, para agradecer de coração, de modo que isso corra pelas suas veias e artérias junto com seu sangue e plasme seu ser.

Esse exercício deve ser feito diariamente, por 21 dias no mínimo, com o máximo de disciplina. E por que 21 dias? Porque a neurociência comprova que, para que mudemos um hábito, nosso cérebro precisa no mínimo desse período, para adaptar-se. Ideal que você faça por 33 dias. Esqueceu um dia, zere sua contagem e comece novamente. Se estava em seu 15º dia e esqueceu, zere, reinicie do primeiro dia e repita diariamente. É um ótimo exercício para a disciplina. Seu cérebro agradece. Você pode até questionar: tudo bem, me proponho a fazer o exercício do caderno da gratidão, mas meus problemas vão acabar? Pode ser que seu cérebro emita essa ironia, tentando te sabotar, e já informo: seus problemas não irão acabar num passe de mágica. Mas, com toda certeza, eles se resolverão gradativamente, você será uma pessoa renovada e serena para lidar com eles até solucioná-los, tendo mais um motivo para registrar no seu caderno da gratidão.

Vivemos uma era onde as informações chegam numa velocidade tremenda, isso nos faz pessoas imediatistas, muitas vezes céticas ou descrentes, e ainda vitimistas. Porém, quando nos propomos a sair desse cenário, quando enxergamos que o que queremos mesmo é mudança, coisas boas, felicidade sem um motivo aparente, voar como águias, a gratidão traz seu quinhão de colaboração. Agradeça pelo seu celular, *laptop*, mas desligue-os um pouco e olhe à sua volta, seus parentes, seus amigos, contemple-os! Agradeça pela vida, pelos ensinamentos, pelas partilhas, até pelos destemperos deles. A vida passa num segundo e o que você aproveitou dessas pessoas?

Sente falta de um(a) companheiro(a)? Mas você já se perguntou que tipo de companheiro(a) você realmente quer para a sua vida? Que tal anotar no caderno da gratidão as características e qualidades que você tanto deseja nessa pessoa e já agradecer por ela existir? Sim, porque num planeta tão vasto, a pessoa ideal da sua vida já existe sim, às vezes bem próxima, às vezes a quilômetros, oceanos de distância, que na verdade, para Deus, ou o Universo não existem, é mais uma delimitação geográfica nossa e que está sim à espera da sua vibração congruente com a dela. Aprenda a sentir-se bem sozinha, a gostar da sua companhia.

Os pardais voam em bandos, morrem rapidamente, são presas fáceis. As águias não. Desde cedo aprendem com suas mães a voar, buscar suas presas e, quando perdem as forças, voam para o lugar mais alto e lá se recompõem: bico, penas, garras... E voltam altivas. Parei para pensar na pergunta que vinha fazendo há muitos meses, e busquei reformulá-la. Troquei o porquê pelo para quê e retirei aquela dor toda, dando um novo sentido ao questionamento. Eu acordei. Foi simples? Do ponto de vista de quando não estamos, seja em um processo depressivo, seja como alguém que participa apenas da história mas não a vive, pode até soar simples. Mas quem vive ou já viveu o abismo da depressão sabe que despertar por si não é fácil. Lembro-me de que na época eu fazia uso, sem nenhuma vergonha, de Fluoxetina. Mas eu queria sair dali. Eu tinha tantas ferramentas em mãos, eu tinha conhecimento, ainda que superficial em relação a profissionais mais experientes, de como a mente funcionava, que tinha de haver uma forma de eu superar e quem sabe ser exemplo. Eu tive que fazer uma grande faxina no corpo, na mente, no espírito, na alma, no coração. Precisei me libertar de várias crenças limitantes. Na formação e nas sessões que eu desenvolvia com meus *coachees*, eu tanto aprendi como ressaltei a existência delas. Muita coisa era lixo, traumas de infância, de situações mal resolvidas. Meditar e agradecer. Divisores de águas. Venci a dor e quem insistia em me ver lá.

Em palestras para mulheres, enfatizo: "Mulher! Tens valor! Ressignifica-te! Não permita que escrevam a sua história de qualquer forma! Assuma as rédeas de sua vida, agradecendo genuinamente cada pedra no caminho. Esqueça os porquês e pensa no para quê. Se ficar difícil busca ajuda! Tira um tempo para ti. Medita e agradece".

15

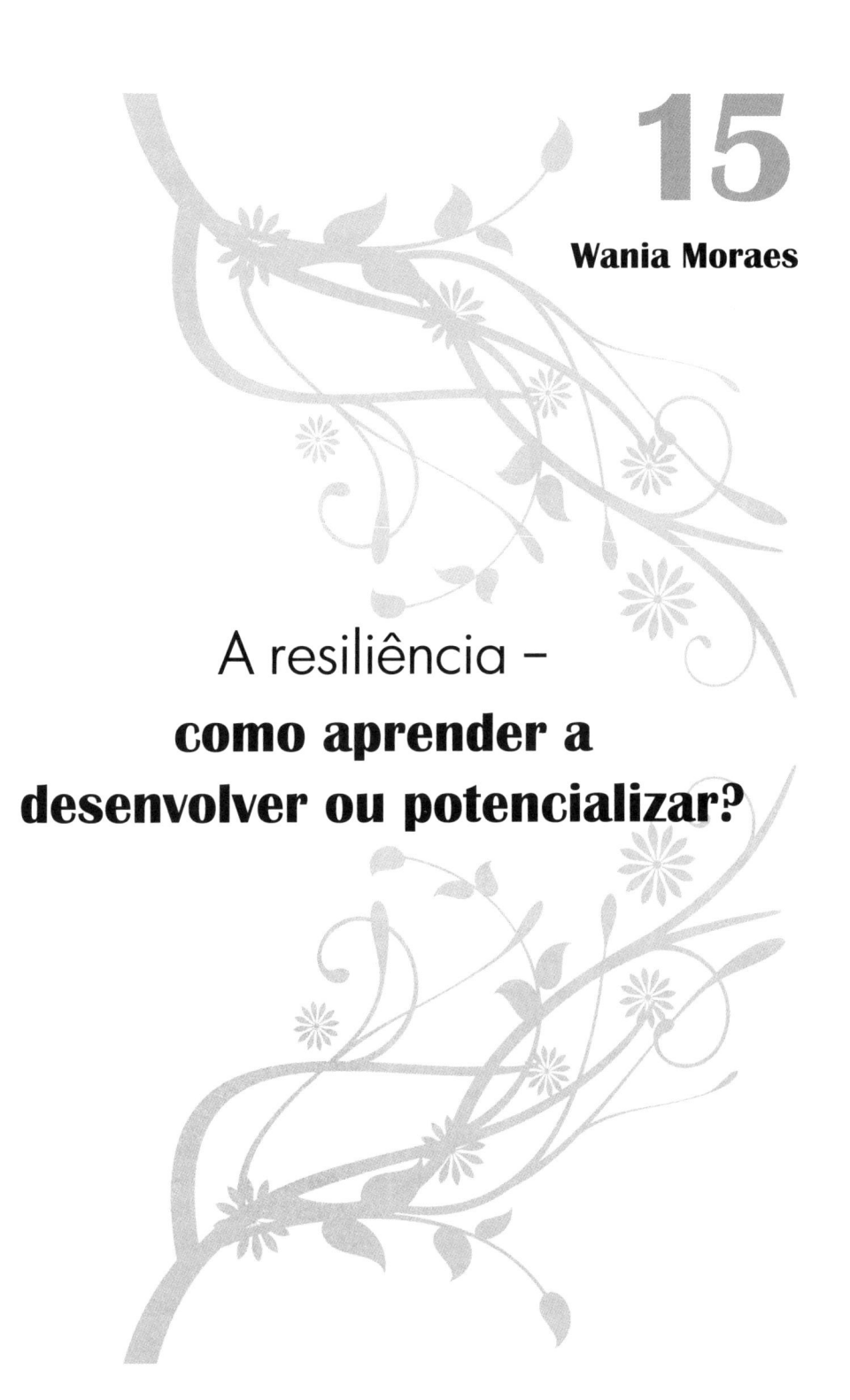

Wania Moraes

A resiliência –
como aprender a desenvolver ou potencializar?

Wania Moraes Troyano

Master Coach, WMT Coaching and Training.

Foco Desenvolvimento Humano, CNV-Comunicação Não Violenta, Resiliência, Psicologia Positiva, executivo, times, mentoria. Especialista em testes comportamentais: Alpha Assessment, Resiliência, Disc Plus. Palestrante, Constelação Sistêmica. Coautora – "Coaching Aceleração de Resultados", "Quanto Antes Melhor! Diálogos Construtivos Para Pais e Filhos". Colunista Revista *Cloud Coaching* - CNV-Comunicação Não Violenta. MBA Gestão de Negócios/Coaching, Pós-Dinâmica dos Grupos, Adm. Empresas/pedagoga. Prof. MBA, Dinâmica dos Grupos, Pres. Cons. Ética/Dir. Nicho CNV/Resiliência da AbrapCoaching.

Todas as pessoas estão resilientes ou podem desenvolver a resiliência. A resiliência é uma postura positiva de enfrentamento para conseguir superar os desafios, limitações e adversidades do dia a dia e tendo flexibilidade.

Quando se lida com estresse elevado, despende-se uma energia significativa, inclusive gerando muito sofrimento. Podemos colocar que a resiliência se revela na capacidade de gerir esta energia de forma positiva, para encontrar a melhor solução possível no enfretamento dos obstáculos. Ela também pode ser vista como a capacidade que eu tenho para lidar com as adversidades ou situações de estresse elevado com segurança e proteção.

Como ser resiliente e pensar estrategicamente quando não sabemos nem por onde começar e temos medo e angústia? Como ser resiliente quando se recebe um diagnóstico grave seu ou de algum ente querido e existe a possibilidade de morte? Ou quando, numa separação, em que existem os filhos que são diretamente afetados, como lidar com tanto estresse? Ou quando se tem um filho, esperamos por ele nove meses, passamos seis meses juntos e depois temos que deixá-lo num berçário. Quantas dúvidas, culpas, medos, inseguranças, incertezas existem e muitas vezes ainda para piorar se trabalha dentro de uma empresa que não valoriza essa condição, um gestor que tem dificuldade de compreender o que se passa, a própria exigência da mulher de querer ser mãe, esposa, profissional e amante perfeita? São tantas questões que, se a pessoa não tiver uma resiliência desenvolvida e equilibrada, ela pode achar que lida com tudo e não vê o quanto está afetando sua vida de diversas maneiras?

A resposta está em acreditar que é possível. É ter esperança de que tudo vai melhorar, mas não é uma esperança que somente espera, sem agir. É fazer acontecer e que todos os esforços para a mudança serão utilizados e de que não existe dúvida de que a situação será superada. Como o acreditar e o confiar podem interferir na superação da situação de estresse?

Toda situação, seja ela de doença ou não, envolve fatores biológicos, psicológicos e sociais. Para lidar com tudo isso é importante envolver várias intervenções psicossociais, que são as mudanças na forma de pensar, sentir e agir. Envolve ações como rever o estilo de vida, a ressignificação das crenças e as diversas mudanças na estrutura emocional, espiritual e social que contribuirão para a superação, uma vez que essas ações, se não alteradas, continuarão a contribuir para o estresse elevado.

Adiante meu depoimento que envolve a resiliência apoiada nos sentimentos de esperança e confiança.

Minha história começa no ano de 2001, quando estava trabalhando e tive um sangramento. A princípio me senti assustada, mas como sou uma pessoa otimista, achei que seria algo simples de ser resolvido. O otimismo em relação à vida vem desde minha infância, quando via as situações de adversidade com bom humor, entusiasmo e esperança de que sempre podia fazer algo para mudar. Bem, fui para casa, peguei minha filha e fui ao hospital. Nesse meio-tempo tive outro sangramento. Meu otimismo era tão forte que jamais passou pela minha cabeça que eu poderia não voltar para casa. Quando cheguei ao hospital, fui atendida e o médico disse que precisaria pedir auxílio. Meu alerta ligou!

Quando o médico voltou rápido – o que me pareceu uma eternidade –, veio acompanhando de mais três e um deles pediu novamente que eu contasse o ocorrido. O médico pediu licença para fazer um exame de toque e daí iniciou uma hemorragia que não parou mais. Os médicos saíram correndo, colocaram-me em uma maca e informaram que me levariam para a UTI. Muitas coisas passaram por minha cabeça e o mais importante é que eu estava com minha filha, de apenas nove anos, parada, olhando para mim, agarrada à minha bolsa e chorando. Os médicos corriam e queriam me levar para a UTI imediatamente, mas, apesar de toda a situação e sentindo-me muito fraca, pude parar e analisar todo o contexto. Qual era o problema? Como poderia ser resolvido com o menor risco possível? Como poderia deixar minha filha segura e protegida e, ao mesmo tempo, estar segura e protegida também?

Foi importante também, além de **analisar o contexto**, ter autoempatia e ser empática com minha filha, pois me vi no lugar dela, indefesa, assustada e sem ter em quem se apoiar. Informei aos médicos que não poderia ir para a UTI antes que meu marido chegasse, porque em hipótese alguma minha filha ficaria sozinha e que seria importante eles verem como poderiam fazer. A solução encontrada foi improvisar uma UTI no Pronto Socorro até a chegada de meu marido. Muitas coisas passaram por minha cabeça: uma estafa com quase choque de pressão aos 18 anos, um grave acidente de carro com a morte da minha mãe, aos 33, e agora, aos 41, uma doença ainda sem nome. Há algumas horas eu estava trabalhando e com minha vida em dia, e agora tinha mais uma vez um estresse elevado para lidar. E me perguntei: por quê?

Na UTI a hemorragia estancou sozinha três dias depois. Fiz exames e na alta o médico solicitou que eu voltasse ao consultório dele em uma semana para saber o resultado. Ele disse para eu ir com alguém, mas como sempre fui muito independente, fui só, pois achava que poderia lidar com a situação.

No consultório, o médico disse que tinha duas notícias, uma boa e uma ruim. Escolhi a ruim e o médico informou que eu estava com câncer de intestino e que haviam tirado um adenocarcinoma. Que seria necessária uma cirurgia para extrair o reto e mais um pedaço, somando 40 cm. A notícia boa é que eu fazia parte da estatística que de um em cada mil pacientes descobrem o câncer de intestino precocemente.

Perguntei se havia cura e ele informou que ninguém poderia dar esse diagnóstico no caso desse câncer, pois ele poderia aparecer em qualquer outra parte do baixo ventre e até mesmo no intestino novamente e que seria necessário fazer exames periódicos pelo resto da vida. Um parêntese aí foi que algumas semanas atrás eu estava atravessando uma rua e encontrei uma senhora bem idosa, toda sorridente, e como gosto de conversar, logo iniciamos um bate-papo. Não me lembro como, mas acabamos por falar de câncer. Comentei que eu tinha sido diagnosticada alguns anos atrás e que hoje faço controle; ela me disse que também havia tido a doença 20 anos atrás e que acabara de descobrir que estava novamente com ela. E com um sorriso no rosto, disse: "O que podemos fazer? Continuar em frente, tratar e viver a vida da melhor forma possível".

Voltando à minha história, um filme passou pela minha cabeça, e me perguntei: "Será que não poderei ver minha filha adulta, se formar, casar ou qualquer outra coisa? E o que ainda gostaria de fazer?"

Peguei todos os exames e saí do consultório. Naquele momento eu havia perdido o chão e todo o meu otimismo estava balançado. Entrei no carro e dirigi sem rumo; uma chuva forte caía, até que me dei conta de que estava na Rodovia Ayrton Senna. Parei o carro no acostamento e chorei convulsivamente por um bom tempo. Em um determinado momento, parei de chorar, baixei o espelho do carro e comecei a conversar comigo mesma. Chorar foi bom porque pude expressar todas as minhas emoções naquele momento, mas percebi que precisava estar no controle da situação, caso contrário poderia ser engolida por ela. Chorar somente não resolveria nada.

Analisei a situação da seguinte forma: estou com câncer. O que posso fazer para buscar uma solução mesmo que não fosse de cura definitiva, mas que eu pudesse viver da melhor forma possível? Eu tinha a minha parte a fazer, que eram os exames, a cirurgia; o que viria depois também teria que ser analisado.

Investi-me de toda a **autoconfiança** que ainda me restava, lembrando de todas as situações de estresse que já havia enfrentado na vida, como as tinha resolvido e que pensamentos sobre mim mesma poderiam me ajudar. Como poderia utilizar o pensamento positivo que sempre tive para resolver meus problemas e com isso encontrar forças para superar mais este e sair mais forte do que quando tudo começou?

Enxuguei as lágrimas, ajeitei-me no banco e fui para o hospital, ver quais exames poderia fazer já naquele momento. Não tinha ideia do porquê precisava de tantos exames, mas no hospital entendi, quando encontrei uma senhora aguardando para fazer exames semelhantes, conversamos e ela disse que os médicos não conseguiam descobrir se ela tinha metástase ou não. Naquele momento me perguntei qual era o sentido da minha vida e por que estava com câncer. E essa pergunta me acompanhou por muito tempo; depois que me recuperei, fui buscar o sentido maior de minha vida, qual o meu propósito, o que poderia deixar como legado.

Uma das coisas que mais chamaram minha atenção foi como meu corpo reagiu a tudo isso. Naquela época eu pesava em torno de 58 kg e em menos de 60 dias estava pesando apenas 49 kg, com 1,67 m de altura.

Aprender a lidar com o corpo, **leitura corporal,** nas situações de estresse elevado é importante, porque nossa condição de saúde pode piorar. O corpo dá muitos sinais de que não está bem, por isso devemos prestar atenção a eles. Lembro-me que um dos sinais que tive foi uma crise de gastrite 30 dias antes e que não dei muita importância. Convivi com ela durante vários anos e após buscar o equilíbrio, o autoconhecimento, hoje deixei de utilizar medicamentos, até mesmo para uma simples dor de cabeça que raramente tenho. Uma das coisas de que não abro mão é a atividade física pelo menos três/quatro vezes por semana. Otimizo minha agenda de tal forma que ela sempre está inserida e isso fortalece minha qualidade de vida e bem-estar, além de aumentar o foco, a determinação, a autoconfiança, o autocontrole, o otimismo e a atenção ao corpo; pequenos sinais já me alertam de que posso sair do meu equilíbrio.

Como nosso sistema nervoso reage às situações em virtude das tensões elevadas, senti falta de um grupo de apoio, que poderia ter me ajudado muito naquele momento, melhorando minha qualidade de vida e bem-estar e a de meus familiares. Uma das coisas que aprendi foi que é muito difícil para a família lidar com uma pessoa com câncer.

Após a cirurgia, enfrentei algumas complicações e após exatos 65 dias estava de volta ao trabalho. Como foi importante voltar à ativa e buscar manter pensamentos sempre positivos, mesmo sabendo que não poderia alcançar a cura!

Aprendi que fazia a pergunta errada. Em vez de "Por quê?" eu deveria perguntar "Para quê?" O porquê estava pedindo uma justificativa e havia vitimização; e "para quê" me levou a refletir sobre o que eu precisava aprender.

Uma das coisas que aprendi foi lidar com a possível recidiva com segurança e proteção, sabendo que posso analisar o contexto da melhor forma possível e que tenho as ferramentas e atitudes que poderão me ajudar numa necessidade.

Hoje sei que tenho **autoconfiança**, porque tenho recursos internos para me ajudar sempre que necessário. Brinco, perguntando: "O que posso tirar de minha mochila da vida que poderá me ajudar a lidar com essa ou aquela situação?"

Autocontrole para administrar quais comportamentos e pensamentos devo ter diante das situações que podem acontecer, sabendo encarar os desafios.

Pessoas ao meu redor que me dão apoio sempre que precisar lidar com situações difíceis. **(Conquistar e manter pessoas.)**

Um olhar **autoempático** para perceber minhas necessidades, sentimentos e emoções e um olhar **empático** para cultivar vínculos de qualidade, compartilhar e contribuir para o crescimento de todos.

Ler o que meu corpo está dizendo diante das situações de estresse elevado, sabendo ser flexível quando necessário, para que minha saúde seja sempre boa.

Otimismo para a vida, sou uma pessoa entusiasmada, de bom humor, criativa; busco aceitar os outros como eles são, respeitando seus pontos de vista, que podem ser diferentes dos meus e isso não quer dizer que não possamos ser amigos, trabalhar e criar coisas juntos ou nos amar.

Sentido para a vida, porque tenho como propósito contribuir não só para minha evolução como para quem assim o desejar.

Para ajudar a prestar atenção à resiliência e exercitá-la, adiante os Modelos de Crenças Dominantes (MCDs), com base na formação de Coaching em Resiliência e que hoje trabalho.

MCD Análise de Contexto

Capacidade de identificar e perceber precisamente as causas, as relações e as implicações dos problemas, conflitos e das adversidades presentes no ambiente.

MCD Autoconfiança

Crença que uma pessoa tem de que possui recursos para resolver diferentes contextos da vida, particularmente o de se comportar com equilíbrio em situações de elevado estresse.

MCD Autocontrole

Capacidade de organizar de modo apropriado as emoções, favorecendo a regulação do comportamento nos diferentes contextos da vida, o de se comportar com equilíbrio em situações de elevado estresse.

MCD Conquistar e Manter Pessoas

Capacidade que a pessoa tem de se vincular a outras, sem receio ou medo do fracasso, conectando-se para a formação de fortes redes de apoio e proteção.

MCD Empatia

Habilidade de ser empático(a), ter bom humor e emitir mensagens que promovam interação e aproximação, conectividade e reciprocidade entre as pessoas.

MCD Leitura Corporal

Crenças de uma pessoa que modulam a sua resposta corporal. O corpo e a mente estão integrados, as alterações são percebidas quando ocorre um desequilíbrio em algum órgão ou sistema, portanto, quanto mais harmonia houver entre o sistema de crenças, os objetivos e meio ambiente, maior equilíbrio haverá entre as reações físicas e a expressão das emoções.

MCD Otimismo para com a Vida

Crença de que as coisas podem mudar para melhor. Refletem um investimento contínuo no entusiasmo e muita clareza na capacidade de controlar o destino dos eventos, mesmo quando o poder de decisão está fora de controle.

MCD Sentido da Vida

Crença de acreditar em um sentido maior para a vida, nos recursos transcendentes que o ser humano tem em face dos seus limites.

"Se pudermos reorientar nossos pensamentos e emoções e reorganizar nosso comportamento, então poderemos não só aprender a lidar com o sofrimento mais facilmente, mas, sobretudo e em primeiro lugar, evitar que muito dele surja."
(Dalai Lama)

Bibliografia

Apostila de Coaching em resiliência da Sobrare (Sociedade Brasileira de Resiliência)
Apostila de Psicologia Positiva da formação de Coaching Positivo.